영혼을 위한 시 쓰기

영혼을 위한 시쓰기

엮은이 **나태주**
펴낸이 **임상진**
펴낸곳 **(주)넥서스**

초판1쇄 인쇄 2025년 2월 28일
초판2쇄 발행 2025년 3월 12일

출판신고 1992년 4월 3일 제311-2002-2호
10880 경기도 파주시 지목로 5
Tel (02)330-5500 Fax (02)330-5555

ISBN 979-11-94643-12-8   03810

저자와 출판사의 허락 없이 내용의 일부를
인용하거나 발췌하는 것을 금합니다.

가격은 뒤표지에 있습니다.
잘못 만들어진 책은 구입처에서 바꾸어드립니다.

이 도서의 국립중앙도서관 출판예정도서목록(CIP)은
서지정보유통지원시스템 홈페이지(http://seoji.nl.go.kr)와
국가자료공동목록시스템(http://www.nl.go.kr/kolisnet)에서
이용하실 수 있습니다. (CIP제어번호 : CIP2020041034)

www.nexusbook.com

영혼을 위한 시 쓰기

나태주 지음

&

목차

6 책 머리에

1부 시 쓰기

10	무식
14	함께 읽는 시 「꽃 피우는 나무」
16	떨림
20	함께 읽는 시 「내가 너를」
21	사람의 마음
25	함께 읽는 시 「고맙다」
26	감성과 이성
30	함께 읽는 시 「사는 법」
31	입말과 글말
35	함께 읽는 시 「다리 위에서」
37	시와 산문
41	함께 읽는 시 「산수유꽃 진자리」
42	시 쓰기
46	함께 읽는 시 「두 여자」
47	울컥과 쓰윽
51	함께 읽는 시 「지상에서의 며칠」
53	마음은 화택
57	함께 읽는 시 「유리창」
59	중얼거림
62	함께 읽는 시 「행복」
63	사물에게 말 걸기
67	함께 읽는 시 「꽃들아 안녕」
68	세 가지 마음
71	함께 읽는 시 「산책」
72	시의 첫 문장
76	함께 읽는 시 「사랑에 답함」
77	의인법
81	함께 읽는 시 「바람에게 묻는다」
82	외워서 쓰기
86	함께 읽는 시 「멀리서 빈다」
87	뺄셈으로서의 시
90	함께 읽는 시 「황홀 극치」
92	발견의 언어
96	함께 읽는 시 「나무」
97	함께 읽는 시 「호주머니」
98	함께 읽는 시 「매미」
99	함께 읽는 시 「비」
100	함께 읽는 시 「고, 벌 한 마리가」
101	민들레의 시학

104	민들레의 시학2	124	함께읽는시「그리움」
107	강아지풀의 시학	125	서정과 서사
110	함께읽는시「강아지풀에게 인사」	129	함께읽는시「부탁」
111	꿀벌의 언어	130	시인의 자기 점검
115	함께읽는시「기쁨」	135	함께읽는시「우는것도 힘이다」
116	저수지의 시학	137	AI시대의 시쓰기
119	함께읽는시「돌멩이」	146	함께읽는시「시」
120	정, 파, 리		

2부	시를 위한 생각들	190	시인의 축복
150	시는 어떤 글인가_생존,발견,영성	193	자유로운 영혼
154	위기지학으로서의 시	198	나의 시를 위하여
159	시는 상처의 꽃	200	금잔옥대
170	움직이며 쓰는 시	203	물 보면 흐르고
176	세상에 보내는 러브레터	206	시인의 자리
180	시마	208	사람을 살리는 시
182	곡비	209	들여다보며 시 읽기
184	세 가지 갈증	212	낮아지는 존재로서의 시
187	글씨와 시	215	시, 영혼의 문장
188	시 받으러 갑니다	219	시가 사람을 살린다

책 머리에

지지난해(2023년)의 일입니다. 카이스트KAIST의 이광형 총장님이 직접 전화를 하신 일이 있었습니다. 기회가 되면 한번 카이스트에 와서 교직원을 상대로 강연해 달라고. 그래서 일정을 조율해서 학교에 간 일이 있지요. 가 보니, 보직교수님들만 모여서 듣는 강의였습니다.

평소 하던 대로 문학과 인생과 세상의 일에 대해 강연했습니다. 강연을 마치고 점심 식사 시간에 이광형 총장님이 제안했습니다. 새 학기가 되면 학교에 와서 학생들을 상대로 해서도 강연해 달라고. 특히, 컴퓨터공학부 학생들을 상대로 AI로 시 쓰기 공부와 연구를 좀 해보라고.

그리고서 지난해(2024년) 신학기에 카이스트 석학교수 임명장을 이메일로 보내 주셨습니다. 정식 교수는 아니지만 우수한 학생들인 카이스트 학생들을 상대로 시 쓰기에 관해 이야기한다는 것이 영광스럽고 기쁘다는 생각이 들었습니다.

그렇지만 내가 알고 있는 시 쓰기에 관한 내용은 많이 부족하고 산만하다는 생각을 하게 되었습니다. 그러기에 좀 더 생각을 가다듬고 새로운 이야기를 보태어 학생들에게 들려줄 교재를 한번 써야지, 하는 생각이 들었습니다.

그러던 차에 넥서스 출판사에서 책 출간을 제안해 주신 겁니다. 전화를 준 사람은 편집장이었지만 임상진 대표님의 관심과 권유가 있었던 것으로 압니다. 두 분에게 감사의 말씀을 드리며 이 책이 카이스트 학생들뿐만 아니라 시에 대해 궁금하게 생각하고 시를 어렵다고 여기는 분들에게 도움을 주는 책이 되기를 소망합니다.

2025년
나태주 씁니다.

제1부

시 쓰기

무식

나는 가끔 스스로 '무식한 사람입니다'라고 말할 때가 있습니다. 그렇게 말하면 듣는 사람이 화들짝 놀라며 동그란 눈을 뜨고 나를 바라보곤 합니다. 실상, 최종 학력이 고등학교 졸업이니 그런 점에서도 맞는 말이긴 하지만 내가 말하는 '무식한 사람'이란 내 나름대로 다른 의미를 지닌 말입니다.

대개 무식無識은 유식有識의 반대말로 사용됩니다. 유식은 식견이나 지식이 있음을 말하는 말이고 무식은 지식이 부족하거나 보고 들은 것이 적어 아는 것이 별로 없는 것을 말합니다. 보통 생활에서는 그 말이 맞습니다. 하지만 내가 말하는 무식은 그런 뜻이 아닙니다. 타인의 지식이나 판단이 나에게 들어와 있지 않음을 말합니다.

이해가 좀 잘 안 되지요? 가끔 공주에 살며 행사장에서 대학교 교수들하고 토크쇼를 할 기회가 있습니다. 사회자로부터 질문이 들어오면 대학교 교수는 곧바로 대답하지 못하고 몇 차례 말을 돌리고 망설이고 기다린 다음에 말을 하곤 했습니다. 행사를 마친 뒤 왜 그러느냐 물었습니다.

나와 토크쇼를 한 어떤 대학교 교수는 말했습니다. 자기 머리(기억) 안에 들어 있는 가장 좋은 답, 그러니까 최선의 답을 찾기 위해서 그런 거라고 말했습니다. 이른바 리뷰review 입니다. 그때 나는 알았습니다. 그럼 나는 왜 사회자가 던진 질문에 망설임 없이 즉각 대답했는가? 나에게는 최선의 답이 없었기 때문입니다.

인생에서든 시험 문제에서든 답이 여러 개이면 혼란이 오고 실패하기 쉽습니다. 해답은 단순할수록 좋고 하나만 있을 때 가장 효과적입니다. 학문을 연구한 사람, 학식이 높은 사람은 여러 개의 해답을 준비하고 있습니다. 그러기에 질문에 끙끙거리고 즉각 대답하지 못하는 것입니다.

내가 말하는 무식이란 바로 다른 사람의 유식이 나에게 들어오지 않은 상태를 말합니다. 나의 인생, 나의 경험에서 오로지 나만 알고 있는 것을 말합니다. 그런 의미에서 시인은 유식한 사람이 아니라 무식한 사람이어야 합니다. 그래야 정말로 자신의 시를 씁니다.

분별력이 너무 좋으면 안 됩니다. 선입견이나 고정관념 가지고는 곤란합니다. 가령, 촛불을 보고서도 그냥 저것은 촛불이다, 뜨겁다, 손으로 잡으면 절대로 안된다, 그렇게만 생각하면 시인이 아닙니다. 오히려 예쁘다, 만지고 싶다, 먹어 보고 싶다, 그렇게 생각해야만 시인입니다. 이것이 내가 말하는 무식한 사람에 대한 이야기입니다.

문학소년 시절, 어떤 책에서 읽었는지 모르지만 어떤 시인의 이야기가 기억납니다. 그 시인은(아마도 김수영 시인이었지 싶습니다) 자기 책장에서 마음에 드는 책, 정말로 좋은 책은 골라서 읽고 난 뒤 그 책을 고서점에 가서 싼값을 받고 팔아넘긴다고 합니다. 그러면 그 책이 자기의 책이 된다고 합니다.

어린 시절엔 그 시인의 이야기가 이해되지 않았지만 나이 들며 조금씩 이해가 갑니다. 내가 읽은 책만이 나의 책입니다. 나의 책장에 그들먹하게 꽂혀있는 책은 나의 책이 아닙니다.

내가 산 인생만이 나의 인생입니다. 뿐만 아니라 내가 오늘 쓴 돈만이 나의 돈입니다. 내가 가진 유일하면서 단순한 답이 나의 답입니다. 이것이 내가 말하는 무식에 대한 이야기입니다.

함께 읽는 시

꽃 피우는 나무

좋은 경치를 보았을 때
저 경치 못 보고 죽었다면
어찌했을까 걱정했고

좋은 음악을 들었을 때
저 음악 못 듣고 세상 떴다면
어찌했을까 생각했지요

당신, 내게는 참 좋은 사람
만나지 못하고 이 세상 흘러갔다면
그 안타까움 어찌했을까요……

당신 앞에서는
나도 온몸이 근지러워
꽃 피우는 나무

지금 내 앞에 당신 마주 있고

당신과 나 사이 가득

음악의 강물이 일렁입니다

당신 등 뒤로 썰렁한

잡목 숲도 이런 때는 참

아름다운 그림 나라입니다.

떨림

젊은 시절 나는 시골에서 외롭게 사는 무명의 시인이었지만 몇 사람 좋은 시인 친구를 알고 있었습니다. 그런 시인 친구 가운데 한 사람이 이성선이란 분입니다. 이성선은 평생 자기 고향인 강원도 속초 지방에서 살다가 세상을 떠난 사람입니다.

본래 대학에서 농학을 전공하고 서울에 있는 농업 관계 정부 기관에서 근무하다가 시를 쓰고 싶어서 고향 속초로 내려와 중등학교 교사로 생업을 삼고 시를 쓰면서 산 사람입니다. 마침 나와 시단 데뷔 연대가 비슷하고 시골에서 산다는 점이 비슷하고 자연 친화적인 시를 쓴다는 점에서 동류의식을 느껴 오랜 세월 친하게 교류하며 지낸 시인입니다.

이성선 시인은 농학을 전공한 사람이라서인지 식물에 대해서 해박한 지식을 지니고 있었습니다. 그의 말에 의하면 식물에게도 떨림이라는 것이 있다는 것입니다. 이런 실험을 했다는 것이지요.

나무의 몸통에 떨림을 측정하는 계기를 부착해 놓고 시간을 정해 며칠 동안 나무를 몽둥이로 때린다고 합니다. 그러다가 어느 날, 나무를 때리는 바로 그 시간에 나무를 때리는 사람이 몽둥이를 들고 나무 옆에 서기만 해도 나무가 부르르 떤다는 것입니다. 그런 거로 보아 나무에도 떨림이 있다는 것입니다.

떨림, 그것은 살아 있는 모든 생명체가 가진 현상인지 모릅니다. 나는 살아 있다, 그것을 증명하는 것인지도 모릅니다. 하지만 그런 식물적인 떨림과 인간이 가진 떨림은 많이 다르다고 생각합니다. 인간의 떨림은 여러 가지로 분화되어 있고, 세련되고, 깊이를 달리하는 떨림이라고 하겠습니다.

나는 유독 떨림이 강한 사람입니다. 아니, 떨림이 많은 사람입니다. 좋은 것과 싫은 것에 지나칠 정도로 예민하게 반응하는 사람이지요. 가령 길거리에서 싫은 사람이나 거부감이 있는 사람을 만나면 말을 더듬기도 하고 엉뚱한 소리를 하기도 합니다.

 문학 강연 같은 걸 하고 나서는 떨리는 마음이 진정되지 않아 독자가 내민 책에 사인을 제대로 못 할 때도 있습니다. 한동안 숨을 고르고 마음을 달랜 뒤에나 천천히 사인을 하게 됩니다. 그런 때 떨리는 마음은 참 불편한 것이기도 합니다.

 몇 해 전의 일입니다. 이어령 선생이 서거한 뒤, 이어령 선생을 기념하여 만든 영인문학관 초청으로 문학 강연을 한 일이 있습니다. 서울의 평창동에 위치한 문학관 강당 가득 독자들이 모여 나의 강연을 들었습니다. 그런대로 강연을 마치고 시집에 사인하는 시간이었습니다.

 주로 여성 독자들이 많았는데, 줄을 지어 사인을 기다리는 독자 가운데 탤런트 고두심 씨가 섞여 있었습니다. 고두심 씨는 내가 평소 좋아했던 탤런트인데 독자들 속에 무심히 섞여 있는 그녀를 발견하는 순간, 당황하는 마음이 들었습니다.

 그때부터 가슴이 떨리고 글씨를 쓰는 손이 떨리는 거예요. '고두심 님' 겨우 넉 자를 쓰는 데도 힘이 들었습니다. 간신히 사인을 마치고 나는 고두심 씨에게 부탁했습니다. 내가 고두심 선생을 보고 많이 떨려서 그러니 빨리 집으로 돌아가 주셨으면 합니다. 나중에 집에 돌아와 떨리지 않는 손으로 다른 책에 사인해서 고두심 씨에게 보내드리기는 했지만 지금 생각해 보아도 얼굴이 붉어지는 일입니다.

  하지만 말입니다. 이 떨림이, 이 떨리는 마음이 나로 하여금 80살이 되어도 여전히 시를 쓰는 사람으로 남아 있게 하는 것이라고 생각합니다. 떨림은 분명 성가신 것이기는 하지만 살아 있는 생명체의 특성이면서 인간이 정말로 인간일 수 있도록 해 주는 조건 가운데 하나라고 생각합니다. 더욱이 시를 쓰는 사람에게는 필요한 요건 가운데 하나라고 봅니다.

함께 읽는 시

내가 너를

내가 너를
얼마나 좋아하는지
너는 몰라도 된다

너를 좋아하는 마음은
오로지 나의 것이요,
나의 그리움은
나 혼자만의 것으로도
차고 넘치니까……

나는 이제
너 없이도 너를
좋아할 수 있다.

사람의 마음

 공주의 구도심, 봉황산 기슭에는 풀꽃문학관이란 조그만 문학관이 있습니다. 일제 침략기 일본 사람들이 살던 집, 즉 적산가옥 한 채를 공주시에서 매입, 복원한 다음 문화 시설로 활용하고 있는 집입니다.

 풀꽃문학관이 문을 연 것은 2014년. 그로부터 10년 뒤인 올해 새로운 문학관이 신축되어 재개관할 예정입니다. 10년이면 강산도 변한다는 말이 있는데 바로 그 10년을 넘어 놀라운 변화가 일어나게 된 것입니다.

 그런데 이 초라하기 이를 데 없는 조그만 문학관에 손님들이 많이 찾아옵니다. 1년 내내 오지만 봄가을에 더 많은 손님들이 찾아옵니다. 공주 사람보다는 대한민국 먼 고장에 사는 사람들이 더욱 많이 옵니다. 혼자서 찾아오는 사람이 많은데, 더러는 젊은 여성이 혼자서 올 때도 있습니다.

문학관을 찾는 손님들에게 나는 왜 왔느냐 묻곤 합니다. 그러면 거의 예외 없이 고달파서 왔다고 대답합니다. 고달프면 집에서 쉬면 되지 왜 문학관에 왔느냐, 다시 물으면 고달픈 게 몸이 아니라 마음이라고 대답합니다. 거의 모든 사람들이 그렇게 말을 하는 것입니다.

고달픈 마음. 이것이 요즘 사람들의 문제입니다. 예전 사람들은 배고프지 않기 위해서, 춥지 않기 위해서 살았습니다. 그것이 삶의 목표였지요. 그러나 요즘 사람들은 외롭지 않기 위해서 삽니다. 예전 사람들이 먹기 위해서 살았다면 요즘 사람들은 살기 위해 먹습니다. 그렇게 세상 형편이 달라지고 좋아진 겁니다.

한번인가는 인천에서 60대 초반의 여자분이 혼자서 문학관을 찾아온 일이 있었습니다. 그분은 나를 보자마자 자신의 이야기를 털어놓았습니다. 자기는 1년 전에 남편을 잃은 사람인데 이번에 스페인으로 여행 가서 산티아고 순례길을 혼자서 걸을 계획이라고 했습니다.

그래서 나는 그녀에게 남편을 가슴에 품고 둘이서 그 순례길을 걸어 보라고 말했습니다. 만약에 그 길을 걷는 동안 남편이 가슴속에서 나가 순례길에 살겠다면 그곳에 두고 오고, 끝내 나가지 않고 따라오겠다면 데리고 오라고 말했습니다.

내 말을 듣자 그 여인은 두 눈 가득 눈물을 담은 채 그래 보겠다고 말하는 것이었습니다. 그러면서 스페인 여행을 다녀오면 다시 한번 문학관을 찾아오겠노라, 말했습니다. 문학관을 떠나면서 몇 번이고 뒤를 돌아보면서 멀어져 간 그녀. 아직은 그녀의 약속이 지켜지지 않은 상태입니다.

이것이 오늘날을 사는 사람들 마음의 현주소입니다. 바깥세상은 찬란하도록 화려하고 충분히 밝지만, 마음의 등불이 꺼져서 어두워진 것입니다. 재독在獨 한국인 철학자 한병철 씨의 진단에 의하면 피로와 우울함이 오늘날 전 지구적으로 문제라는 것입니다.

그러면서 후기 근대 사회를 사는 우리는 자기 착취에 빠졌다는 것입니다. 그 이전 세대가 짐승을 착취하고 타인을 착취하고 기계를 착취한 데 비하여 요즘 사람들이 자기 자신을 착취한다는 것은 참으로 섬뜩하고도 두려운 진단입니다.

그러니 피로하지 않을 수 없고 우울하지 않을 수 없다는 것이지요. 정신과 의사들의 말에 따르면 한국인 40% 정도가 정신적으로 문제가 있다고도 합니다. 불안하고 우울하고 불면에 시달리면서 산다는 것이지요. 결국은 마음이 고장 나서 그렇다는 것입니다.

이러한 형편에 시를 쓰는 사람들이 수수방관하고 있어서는 안 된다고 봅니다. 함께 나서서 처방을 생각하고 대응 방안을 생각해야 합니다. 무엇보다도 사람을 살리는 시를 써야 합니다. 마음에 불이 꺼진 사람들의 마음에 불을 밝혀 주어야 합니다. 위로와 축복과 기도와 동행의 시를 써야 합니다. 그것이 오늘날 시인들의 막중한 사명이라고 봅니다.

함께 읽는 시

고맙다

아침저녁 찬 바람 부니

외로워진다

잠들었던 외로움이

살아난 거다

맑은 하늘 흰 구름 높이 뜨니

잊었던 사람 생각난다

멀리 떠난 그리움이

돌아온 거다

멀리 있는 사람이 고맙다

아침저녁 찬바람

맑은 하늘 흰 구름이 고맙다

오늘도 살아 있는 내가 더 고맙다.

감성과 이성

우리 인간은 이성적인 존재이기도 하지만 보다 많이 감성적 존재입니다. 겉으로 인간의 삶을 지배하는 건 이성적인 능력이지만 내면을 지배하는 건 감성의 능력입니다. 어쩌면 감성은 이성보다 뿌리 깊은 것이고 본능적이며 원시적인 그 어떤 요소라 하겠습니다.

우리가 살면서 날마다 만나는 좋고 나쁨, 기쁘고 슬픔, 심지어 불행감, 절망감, 행복감까지 두루 이성보다는 감성이 지배하는 마음의 영역입니다. 이성은 옳고 그름, 시비是非와 관계가 깊고 감성은 좋고 싫음, 호오好惡와 관계가 깊습니다. 오히려 시비보다는 호오가 더욱 강력한 힘을 가지고 우리 인간을 지배하는 마음의 변수입니다.

 그렇습니다. 시비는 맞는 쪽으로 바로 잡으면 됩니다. 단순하지요. 하지만 호오는 고치거나 바로 잡기가 쉽지 않습니다. 복잡합니다. 좋고 싫음의 마음은 옳고 그름보다 뿌리가 깊고 복잡한 것이기 때문입니다. 그런데 우리네 일상생활에서는 호오의 마음은 제쳐 두고 시비의 마음만 가지고 삶의 도구로 삼을뿐더러 모든 일들을 평가하고 판단합니다.

 학교 성적이 그렇고 취직 시험이 그렇고 직장인의 승진까지 두루 그렇습니다. 기업체나 기관의 평가 역시 오로지 이성적인 방법, 시비에 따라 결정됩니다. 심지어 학교의 시 감상 수업까지도 이성적 방법, 시비의 방법으로 진행합니다. 이것은 잘못되어도 아주 많이 잘못된 일입니다.

 더구나 인공지능, AI가 출현한 이후로는 상당 부분 인간의 이성적 기능을 AI가 대신하게 될 터이니 더욱 이성적 영역보다 감성적 영역이 중요시되는 시대가 되었다고 보아야 합니다. 어떤 점에서 이제 이성의 시대는 끝났다고 보는 게 옳을 것입니다. 감성의 중요성을 우리는 코로나19 동안 충분히 경험했습니다. 트로트 문화의 부활이 그것입니다.

 말할 것도 없이 시의 소재는 감정입니다. 나는 시를 쓰게 하는 원동력이 호기심, 그리움, 사랑, 세 가지라고 말하는데 이것 역시 감정적 요소들입니다. 가끔 나는 나의 마음이 몸의 어느 부분 어디에 있을까 생각해 보는 때가 있습니다. 가슴 부분에 있을까, 머리 부분에 있을까, 생각할 때가 있습니다. 흔히 감정적으로 힘든 일이 있을 때 '가슴이 아프다'라고 말하는 걸 보면 가슴 부분에 있는 게 아닌가 싶기도 합니다.

한동안 우리와 함께 살았던 성자, 김수환 추기경은 '머리에 있는 사랑이 가슴으로 내려오는 데는 70년이 걸렸다'고 말씀했다고 합니다. 머리에 있는 사랑은 이성적 사랑을 말하는 것일 테고 가슴에 있는 사랑은 감성적 사랑을 말하는 것입니다. 그만큼 가슴의 사랑, 육화된 사랑, 감성적 사랑이 어렵고도 소중하다는 말씀일 겁니다.

우리는 하루하루의 삶을 경험이라고 말합니다. 그 경험이 쌓여서 인생이 됩니다. 이 경험이 어떻게 마음에 저장되고 작용하는가를 나름대로 유추해 보면 이렇습니다. 경험→ 감각→ 기억과 느낌→ 생각과 감정. 그렇게 마음속에 저장된다고 봅니다. 이성과 감성 또한 이러한 과정에서 파생하는 마음의 요소라고 봅니다.

요즘 젊은 세대들은 흔히 감성을 '갬성'이라고 부릅니다. 그러면서 감성적 요소를 그들의 삶 속에서 상당히 중요시하는 걸 봅니다. 얼마 전 나는 MZ세대 한 젊은 여성으로부터 조금은 놀라운 말을 들은 적이 있습니다. 요즘 젊은 세대들은 이성과 사귀더라도 이성 친구와 그냥 친구를 분명히 구별해서 사귄다는 것입니다. 그만큼 감성이 분화되었음을 말해 주는 증거라 하겠습니다.

어쨌든 이제는 이성과 함께 감성이 중요시되는 시대가 되었습니다. 오히려 감성이 앞장서는 시대가 되었습니다. 그러할 때 마땅히 시가 준비되어야 합니다. 시야말로 인간을 가장 인간답게 만들어 주는 문화 행위라 하겠습니다. 좋고 싫음을 바로 잡아 줄 가장 좋은 방책이지요. 오늘날 우리가 봉착한 여러 가지 정신적인 문제들도 시를 가까이하면서 좋아질 것이라고 봅니다.

함께 읽는 시

사는 법

그리운 날은 그림을 그리고

쓸쓸한 날은 음악을 들었다

그리고도 남는 날은

너를 생각해야만 했다.

입말과 글말

 우리 인간이 다른 동물과 구별되는 점은 여러 가지가 있을 수 있겠습니다. 첫째는 서서 걷는다는 점, 둘째는 생각할 줄 아는 능력이 있다는 점, 셋째는 도구를 사용할 줄 안다는 점 등일 것입니다.

 인간이 사용하는 도구 가운데 가장 이상적이면서 편리한 도구는 언어라는 도구입니다. 언어를 가지고 인간은 생각하는 존재가 되었고 문화와 문명을 정교하게 발달시킬 수 있었습니다. 언어야말로 인간을 인간답게 만든 가장 고귀한 능력입니다. 오죽했으면 '언어는 존재의 집이다'란 말(하이데거)까지 있겠습니까.

언어의 쓰임, 언어의 기능으로는 우선 의사소통의 기능이 있습니다. 이것은 우리가 일상생활에서 필요로 하는 일차적인 기능, 대화의 기능입니다. 현실의 기능이고 지식 전달의 기능이고 사실의 기능입니다. 이것을 우리는 언어의 과학적 용법이라고도 부릅니다.

이어서, 언어의 이차적인 기능은 감정 소통의 기능입니다. 이어령 선생의 설명에 따르면 '달은 밝다'라고 쓰면 사실, 객관을 말하는 것으로 과학적 용법이 되고 '달이 밝다'라고 쓰면 감정, 주관을 말하는 것으로 환정적喚情的 용법, 감정 소통의 기능이 됩니다. 그렇게 '은'과 '이'가 다르다는 것인데 말할 것도 없이 시적인 언어는 후자입니다.

인간에게 언어가 있다는 것은 인간에게 영혼이 있다는 것이나 마찬가지 이야기입니다. 특히 시의 문장에 사용되는 언어는 영혼적인 언어입니다. 시의 언어는 너와 나의 영혼을 연결 고리 없이도 이어줍니다. 이를 더러 이심전심以心傳心이라 말하고 불교에서는 염화미소拈花微笑라고도 말합니다. 이야말로 언어 너머의 언어를 말하는 것으로 불립문자不立文字란 말로도 표현합니다.

우리가 알다시피 언어에는 음성언어가 있고 문자언어가 있습니다. 이른바 음성언어는 입으로 직접 하는 말이고 문자언어는 글로 기록하는 말입니다. 그래서 앞의 것을 입말이라고도 하고 뒤의 것을 글말이라고도 말하지요.

모름지기 언어의 기본은 입말에 있습니다. 실생활에 사용되는 말이 입말인데 이 입말이야말로 지극히 자연스런 말이요 편안한 말이요 살아서 숨 쉬는 생명이 있는 싱싱한 말입니다. 하지만 입말은 쉽게 사라진다는 취약점이 있습니다. 이를 보완한 것이 바로 글말입니다. 여기서 필요한 것이 문자이지요.

그러므로 우리가 읽는 모든 시는 이 문자언어로 기록된 자료들입니다. 그래서 흔히 시라고 하면 문자언어로 기록된 시, 즉 시집 속의 시들만 생각하기 쉬운데 그것은 꼭 그렇지만은 않습니다. 오히려 좋은 시는 우리의 실생활 속에 있고 평상시 하는 입말 속에 있습니다. 그렇습니다. 언어의 기본이 입말에 있듯이 시어의 기본 역시 입말에 있는 것입니다.

하므로 시에 관심을 둔 사람, 시를 쓰고자 하는 사람은 자기 주변 사람들의 말에 주의 깊게 귀를 기울여야 합니다. 거기서부터 자신의 시어를 출발시켜야 합니다. 그래야 살아 있는 시가 되고 소통하는 시가 됩니다. 말하듯이 시를 쓴다, 그것은 나의 시작법에서 가장 우선적인 방법이기도 합니다.

그렇습니다. 좋은 시, 살아 숨 쉬는 시는 글말이 아닌 입말 속에 있습니다. 일상생활의 언어, 우리 삶 속의 언어, 너와 나의 관심사, 평범한 일상의 이야기, 너와 나의 대화 속에 우리가 꿈꾸는 시들이 숨어 있다는 걸 잊지 말아야 합니다. 오늘날 우리의 시는 음성언어의 자연스러움을 회복해야 할 일입니다. 그 선행先行과 모범을 우리는 김소월 시인과 윤동주 시인의 시에서 봅니다.

함께 읽는 시

다리 위에서

너는 바람 속에 피어
웃고 있는 가을꽃

눈을 감아 본다

흐르는 강물은 보이지 않고
키 큰 가로등도 보이지 않고
너의 맑은 이마도 보이지 않는다

그러나 여전히
강물은 흐르고
가로등 불빛은 밝고
너의 이마 또한 내 앞에 있었으리라

눈을 떠 본다

너는 새로 돋아나기 시작하는

초저녁 밤별.

시와 산문

글이란 인간이 지닌 가장 편리한 도구인 언어 가운데 문자언어로 표현하고 기록한 모든 생산품을 말합니다. 글이 있기에 인류는 문화와 문명을 이룩하며 살아갈 수 있었습니다. 역사나 문학이나 철학은 물론, 모든 인류의 성과물은 문자에 의해 기록되고 공유되었으며 후세로 전해질 수 있었습니다.

이 세상의 모든 문장은 딱 두 종류로 나누어집니다. 시와 시 아닌 글이 그것입니다. 즉 시와 산문으로 나누어진다는 말입니다. 이렇게 모든 글이 시와 산문으로 나누어지는 까닭은 글의 형식에 따라서도 그렇지만 글의 내용을 이루는 소재가 달라서 그렇습니다.

산문이 사실이나 사건을 소재로 하는 글이라면 시는 감정을 소재로 하는 글입니다. 두 가지의 글 모두 의사전달에 목적이 있지만 산문이 사실이나 생각을 전달하는 데 목적을 둔 문장이라면 시는 감정을 전달하는 데에 목적을 둔 문장이라 하겠습니다.

시와 산문에 대해 가장 적확的確하게 설명해 주는 말은 프랑스의 시인 폴 발레리Paul Valery의 이와 같은 설명입니다. '시는 무용에 비유되며 행위를 통하여 아름답고 황홀한 생명의 충일감을 느끼는 것을 궁극적인 목적으로 삼고, 산문은 도보에 비유되며 확실한 대상을 향한 행위로 그 대상에 도달하는 것을 목적으로 하는 글이다.'

이러한 시의 전제조건으로서 우리는 여기서, 몇 가지 합의할 필요가 있습니다. 첫째로 인간에 관한 것. 둘째로 언어로 쓰여진다는 것. 셋째로 감정을 다룬다는 것. 이를 다시 정리하면 '시는 인간의 일을 언어로 표현한 짧短은 형식의 글인데 그 소재는 어디까지나 감정이라는 것이다'가 되겠습니다.

> 시의 문장은 산문 문장과 무엇이 다른가?
> 시 내용(무엇/What)   소재→감정(고백/호소)→물(내용물)

> 방법(어떻게/How) 표현→언어..............→컵(그릇)

그러면 시의 소재가 되는 인간의 감정은 어떤 특징이 있을까요? 감정은 휘발유처럼 빨리 증발해버리고 뱀처럼 재빠르게 숨어버립니다. 그뿐더러, 옷 벗은 사람처럼 수줍어서 쉽게 밖으로 나오려 하지 않습니다. 이러한 감정을 어떻게 하면 밖으로 데리고 나올 수 있을까요?

그것은 한마디로 말해서 어떻게 감정을 언어로 바꿀 수 있느냐가 됩니다. 그것 자체가 시 쓰기인 것입니다. 첫째, 순발력이 필요합니다. 망설임 없이 전광석화처럼 써야 합니다. 둘째, 감정을 순하고 정중하게 다뤄줘야 합니다. 감정 앞에 솔직 담백해야 하고 겸허해야 합니다. 감정을 일그러뜨리지 않도록 조심할 필요가 있습니다. 셋째, 많은 언어를 알고 있어야 합니다. 옷 벗은 사람과 같은 감정에 있어서 언어는 옷과 같습니다. 감정의 몸집에 맞는 언어의 옷을 입혀야만 수줍어하는 감정이 밖으로 나올 수 있습니다.

시를 쓰기 위해 시인이 많은 언어를 알고 있어야 한다는 것은 매우 중요한 일입니다. 그러기에 프랑스 작가 플로베르 Gustave Flaubert 같은 이는 '하나의 사물(감정)을 나타내는 데는 딱 하나의 단어만 적합하다'라고 말하기도 했습니다.

통상通常, 글을 쓴다고 말할 때는 시를 쓰는 경우가 아니라 산문을 쓰는 경우를 말합니다. 산문은 작정하고 쓰는 글이고 미리 설계하고 쓰는 글일 수도 있습니다. 산문에서 제일 중요한 것은 문장의 바닥이 들여다보여야 하고 의미상 오해가 없어야 합니다. 그렇습니다. 산문의 목적은 설득에 있습니다.

이에 비하여, 시는 작정 없이, 계획 없이 쓰는 글입니다. 아니 써지는 글입니다. 글을 쓰고자 하는 사람(필자)이 아무리 쓰고 싶다고 해도 써지지 않습니다. 그 까닭은 글의 소재가 감정이기 때문이고 감정의 고조 상태인 감흥感興이 글을 쓰도록 하기 때문입니다. 산문에 비해 시는 약간의 비문도 허락되고 의미상 오해도 허용합니다. 시는 산문에 비해 작정 없이 계획 없이 쓰는 글이고 그 목적은 감동에 있습니다.

그러기에 시는 보다 원초적이고 본능적인 글이라고 말하는 것입니다. 학교의 학생들 수업 시간에도 교사가 일률적으로 '이제부터 시를 써라'라고 말하는 것은 무리한 주문입니다. 그것은 배가 부른 사람에게 밥을 더 먹으라고 강요하는 것과 같은 일이기 때문입니다.

함께 읽는 시

산수유꽃 진 자리

사랑한다, 나는 사랑을 가졌다
누구에겐가 말해주긴 해야 했는데
마음 놓고 말해줄 사람 없어
산수유꽃 옆에 와 무심히 중얼거린 소리
노랗게 핀 산수유꽃이 외워두었다가
따사로운 햇빛한테 들려주고
놀러온 산새에게 들려주고
시냇물 소리한테까지 들려주어
사랑한다, 나는 사랑을 가졌다
차마 이름까진 말해줄 수 없어 이름만 빼고
알려준 나의 말
여름 한 철 시냇물이 줄창 외우며 흘러가더니
이제 가을도 저물어 시냇물 소리도 입을 다물고
다만 산수유꽃 진 자리 산수유 열매들만
내리는 눈발 속에 더욱 예쁘고 붉습니다.

시 쓰기

 내가 시를 쓴 것은 놀랍게도 60년이 넘습니다. 도대체 어떠한 힘이 있어 나로 하여 그토록 오래 시를 쓰게 하였는가? 내가 처음 시인에 뜻을 둔 것은 15세의 일. 1960년, 고등학교 1학년 때 나는 한 여학생을 만나 그녀에 편지를 쓰고 싶었습니다. 결국 여름방학 때 그녀의 집으로 편지를 써서 보냈지만 답장은 그녀의 아버지에게서 왔습니다.

 그 뒤로는 편지조차 쓰지 못하고 멀리서 그 여학생을 바라보는 걸로 3년 동안 고등학교 시절을 보내야 했습니다. 하지만 여전히 가슴속에 그 여학생에게로 향하는 마음이 자라고 있었습니다. 그것은 고무풍선에 가득한 바람같이 팽팽했습니다.

어떻게 하든지 그 마음을 밖으로 빼내야 했습니다. 그런 상황 속에서 선택한 것이 나의 시 쓰기였습니다.

시 쓰기는 나로서는 살아남는 방법 가운데 하나입니다. 만약에 내가 시 쓰기를 계속하지 않았다면 나는 분명 더욱 피폐한 인간이 되어 세상에서 쉽게 사라져버렸을 것입니다. 그렇습니다. 시 쓰기는 나에게 구원의 방책이었습니다. 더러워진 마음, 어지러워진 마음을 깨끗하게 반듯하게 바로잡는 방법이 시 쓰기였으니까요.

성인이 되어서도 마찬가지였습니다. 군대에 입대하여 베트남에서 사병으로 근무할 때도 시 쓰는 종이를 손에서 놓지 않고 그 지루한 외국에서의 병영 생활을 견뎠습니다. 내가 시인으로 데뷔한 것은 1971년 〈서울신문〉 신춘문예 당선으로였습니다. 어려서부터 좋아하던 박목월 선생의 추천으로 그렇게 된 것이지요.

이때도 내가 시인으로 당선하도록 도와준 한 여성이 있었습니다. 군대에서 제대하여 복직한 초등학교에서 한 여교사를 만나 좋아하는 마음을 가져 적극적으로 프러포즈했으나 거절당하고 나서 아주 심한 좌절감에 빠졌습니다. 한동안 절망의 늪에서 허우적거리다가 조금씩 살아나고 싶은 마음이 가슴의

저 밑바닥에서부터 솟아올랐습니다. 그때 저절로 시가 써졌습니다.

한국을 떠나 1년 동안 베트남에서 지내는 동안 나는 살가운 한국어에 목말랐고 한국의 아리따운 젊은 여성이 보고팠고 또 한국의 자연이 또 사무치게 그리웠습니다. 그런데 한 여성을 사모하다가 버림받은 채 넘어져서 생각해보니 한국어가 더욱 사무치도록 아름다웠고 한국의 자연이 또 그럴 수 없이 아름다웠습니다.

가령, 소나무 숲에 불어오는 솔바람 소리나 우거진 대숲을 흔드는 대숲 바람 소리는 그냥 단순한 자연의 소리가 아니라 영혼의 소리였고 저승에서부터 불어오는 신비하면서도 두려운 소리였습니다. 그것은 가히 재발견의 수준이었고 주변에서 보는 모든 자연물에 대해서도 그랬습니다. 민들레꽃, 제비꽃, 구절초꽃 한 송이조차 새로운 눈을 뜨고 내게로 왔습니다.

이것을 나는 결핍의 축복이라고 말합니다. 인생에서 넘어진 자가 받는 은총이라 생각합니다. 고독은 세상을 바라보는 맑은 창이라는 말이 있습니다. 나로서는 인생의 실패와 좌절이야말로 앞으로 한 발자국 나아가는 힘을 제공했다고 말하고 싶습니다. 어찌 보면 인생은 단기적으로는 실패가 장기적으로는 성공을 가져다줄 수도 있다고 하겠습니다.

그로부터 나에게는 새로운 마음의 촉수가 열렸고 미세한 소리를 듣는 귀가 열렸으며 또 하찮은 것 속에서도 웅숭깊고 아름다운 것들을 찾아낼 줄 아는 눈이 마련되었습니다. 나는 누가 알아주거나 말거나 천천히 시인이 되어갔습니다. 이러한 경우는 그 뒤로도 여러 차례 반복적으로 나에게 있었습니다. 불행을 당해서 오히려 다행스러웠던 일이라 하겠습니다.

함께 읽는 시

두 여자

한 여자로부터
버림받는 순간
나는 시인이 되었고

한 여자로부터
용납되는 순간
나는 남편이 되었다.

울컥과 쓰윽

가끔 나는 문학 강연장에 나가 강연을 마치고 Q&A 시간에 독자들로부터 어떻게 하면 그렇게 예쁜 말로 시를 쓰냐는 질문을 자주 받습니다. 그러면 나는 나의 마음이 예쁘지 않아서 예쁜 말로 시를 쓴다고 대답합니다. 이것은 결코 허언이 아니고 과장도 아니고 거짓도 아닙니다.

왜 밤에 불을 밝히고 겨울에 난로를 피웁니까? 그것은 어두워서 그렇고 추워서 그렇습니다. 시도 마찬가지입니다. 우리의 현실이 어둡고 각박하고 부정적이기 때문에 긍정적이고 밝고 예쁜 말이 필요한 것입니다. 나는 나의 마음이 걸레처럼 더러워져서 빨래하는 심정으로 시를 쓴다고 고백하곤 합니다.

그런 점에서 우리는 시를 거꾸로 읽을 필요가 있습니다.

그다음으로는 어떻게 시를 쓰느냐는 질문입니다. 그러면 나는 '울컥'과 '쓰윽'에 대해서 말해줍니다. 울컥은 감정이 가슴 밑바닥에서부터 주먹처럼 불쑥 솟아오르는 상태를 말합니다. 감정의 격앙 상태이지요. 특히 우리 한국인은 감정이 풍부한 사람들입니다. 그래서 격앙된 감정 상태, 울컥이 잦다고 말할 수 있습니다. 바로 이것이 시의 내용, 소재란 것이지요.

우리는 날마다의 인생살이에서 여러 가지를 체험합니다. 체험하는 동안 느낌과 생각을 얻지요. 이 느낌과 생각이 인간의 마음속에 스며 들어가 기억이 되고 정서가 되어 저장됩니다. 이 기억과 정서가 그 어떤 현실적 계기, 단초端初/큐를 만나 자극받으면 언어의 옷을 입고 밖으로 나오려고 합니다. 이때 영성의 도움을 받아 시인은 자신도 모르는 문장을 구사하기도 합니다.

이렇게 시의 내용인 감정, 울컥을 시의 도구인 언어로 표현할 때 가장 좋은 방법은 쓰윽이라고 말합니다. 개구리가 물속으로 뛰어들 듯이 망설임 없이 한꺼번에 써야 한다는 말입니다. 오랫동안 끙끙거리며 이런 말 저런 말로 바꾸고 비틀고 그러면 패착이라는 것입니다. 그런 작품들이 오히려 자연스럽지 못한 경우가 많습니다.

하지만 이렇게 쓰윽 쓰기 위해서는 처음부터 누구나 그렇게 능숙하게 되는 것은 아닙니다. 수없는 연습과 자기 수련과 시행착오가 있은 다음에야만 비로소 가능한 일입니다. 그러고 보면 일반 독자들에게 울컥, 쓰윽 시를 쓰라는 말은 별로 도움이 되지 않는 말인지 모르겠습니다.

그래서 그다음으로 준비한 나의 말은 이렇습니다. 마음에 사무치는 그 무엇이 있거든 어떤 방법으로든지 말로 표현해보라. 그러다 보면 시가 써지기도 할 것이다. 그렇습니다. 마음속에 사무치는 그 무엇이 있어야 시를 쓰게 됩니다. 시의 씨앗인 셈이지요. 그럴 때 나는 몇 가지를 또 도움말로 드립니다. 첫째는 길게 쓰려고 하지 마라(짧게 쓰자). 둘째는 굳이 잘 쓰려고 하지 마라(자연스럽게 쓰자). 셋째는 남처럼 쓰려고 하지 마라(자기답게 쓰자). 넷째는 유언하듯이, 소리 지르듯이 쓰자(외마디로 쓰자).

1947년, 강화도 선두리 마을에서 우리나라 민족성을 연구한 미국의 인류학자가 있었습니다. 그의 이름은 코넬리우스 오스굿. 그는 우리 민족성을 감정 지향적이고 구강口腔 가학적加虐的 기질이 있다고 밝히면서 아일랜드사람들과 비슷한 성향이 있어 우리나라 사람들을 '오리엔탈 아이리쉬'라고 명명命名하기도 했습니다. 그의 주장에 전적으로 동의함은 아니지만, 오늘날 케이팝이나 케이컬쳐가 이와 연계되지 않나 싶고 유독 한국의 문단에 시인의 분포가 많음도 이 때문이라고 봅니다.

 누구나 살아가다가 어느 순간 울컥 마음속으로 솟아오르는 욕구가 생기면 그걸 굳이 참으려 하지 말고 자기 나름의 언어로 쓰면 됩니다. 그것이 바로 시 쓰기의 시작이고 지름길입니다. 그건 목마를 때 물을 마시는 것처럼 본능적인 것이요, 지극히 자연스러운 인간 행위라 하겠습니다.

함께 읽는 시

지상에서의 며칠

종이 창문 흐릿한 달빛 한 줌이었다가

바람 부는 들판의 미루나무 잔가지 흔드는 바람이었다가

차마 소낙비일 수 있었을까? 겨우

옷자락이나 머리칼 적시는 이슬비였다가

기약 없이 찾아든 바닷가 민박집 문지방까지 밀려와

칭얼대는 파도 소리였다가

누군들 안 그러랴

잠시 머물고 떠나는 지상에서의 며칠, 이런저런 일들

좋았노라 슬펐노라 고달팠노라

그대 만나 잠시 가슴 부풀고 설레었지

그러고는 오래고 긴 적막과 애달픔과 기다림이 거기 있

었지

가는 여름 새끼손톱에 스며든 봉숭아 빠알간 물감이었

다가

잘려나간 손톱 조각에 어른대는 첫눈이었다가

눈물이 고여서일까? 눈썹

깜짝이다가 눈썹 두어 번 깜짝이다가……

마음은 화택

화택火宅이란 말은 일상에서 흔히 사용하는 말이 아닙니다. 불교 용어로 '번뇌의 고통을 불로 보고, 우리가 사는 세상을 불이 난 집'으로 보는 데서 온 용어입니다. 이 말을 인용하여 시 쓰기를 설명해보고자 합니다.

일단 '불이 난 집'이라고 했습니다. 불이 난 집이니 얼마나 다급하고 복잡하겠습니까. 안에 사람이 들어 있다면 서로 먼저 나가려고 앞을 다툴 것입니다. 평소 이성적이거나 점잖은 사람이거나 마찬가지일 것입니다.

우리 인간의 마음은 일종의 블랙박스와 같다고 할 것입니다. 오만 가지 경험과 기억과 지식과 감정을 간직하고 있는 창고라고 볼 수 있습니다. 어떤 것은 밑에 깔려 있어 까맣게 잊혀진 듯 잠겨 있기도 합니다. 무질서한 상태입니다. 이런 상태를 심리학에서는 무의식의 세계라 부르고 불교에서는 업장業障, 혹은 카르마이라 부르겠지요.

시를 쓸 때는 이런 마음의 블랙박스에서 온갖 기억과 정서들이 밖으로 튀어나옵니다. 문제는 그 튀어나오는 것들에게 옷을 입혀야 한다는 것입니다. 그래야 글이 되고 시가 됩니다. 그 과정에서 시를 쓰는 사람은 될수록 많은 언어를 알고 있는 것이 유리합니다. 하나의 소재(감정)가 있을 때 거기에 딱 맞는 말을 찾아야 하기 때문입니다.

마음의 블랙박스에는 오직 한 개의 문이 있을 뿐입니다. 그 문은 좁고 작은 문이어서 겨우 하나의 생각이나 느낌만 통과할 수 있습니다. 이렇게 블랙박스에서 생각이나 느낌이 밖으로 빠져나올 때 산문과 시는 우선순위가 다르다는 걸 잊지 말아야 합니다. 이를 문장의 질서라고 합니다.

산문은 될수록 객관의 질서를 따르려고 노력합니다. 객관의 질서는 시간의 질서이고 공간의 질서입니다. 시간의 선후, 공간의 위아래, 앞과 뒤를 말하는 것입니다. 하지만 시는 주관의 질서인 감정의 질서를 따릅니다. 감정의 급한 순서, 강한 순서

대로 밖으로 나오려고 합니다.

  그래서 시를 쓸 때의 마음이 불난 집, 화택이라는 것입니다. 시를 쓰는 사람도 이렇게 감정의 질서에 따라 마음이 밖으로 나오도록 도와야 합니다. 그러면서 자기가 알고 있는 최상의 말로 그 감정에게 옷을 입혀주도록 노력해야 합니다. 급하고 강한 감정부터 나오는 것을 이성적인 마음으로 조절하거나 간섭해서는 안 됩니다. 처음 시를 쓰는 분들은 이런 작업이 잘 안 되겠지만 자기 수련을 통해서 조금씩 익혀야 할 마음의 능력입니다.

  오래전, 그러니까 교직에 있을 때의 일입니다. 그때는 교장으로 근무할 때인데 20대 시절 햇병아리 교사로 가르쳤던 여자 제자 한 사람이 부산에서부터 남편과 함께 교장실로 찾아온 일이 있었습니다. 그들 부부를 만나서 식당에서 저녁 식사하고 헤어졌지요. 집이 부산이라 서둘러 가야 한다면서 돌아가는 바람에 사진도 한 장 남기지 못했습니다. 그런 뒤에 급하게 쓴 시가 바로 '안부'라는 제목의 시입니다.

  오래
  보고 싶었다

오래
만나지 못했다

잘 있노라니
그것만 고마웠다.

　이 시를 쓸 때 가장 먼저 나온 말이 '오래 보고 싶었다'이고, 그다음에 나온 말이 '오래 만나지 못했다'였습니다. 그것은 매우 자연스런 마음의 발로였으며 마음의 급한 순서가 그렇게 잡혀서 그렇게 된 것이지요. 그런 다음 천천히 마음을 다스리면서 나온 문장이 '잘 있노라니 그것만 고마웠다'입니다. 시란 이렇게 마음의 블랙박스에서 말이 나올 때 감정의 질서, 급한 감정부터 밖으로 나오게 하는 문장입니다.

함께 읽는 시

유리창

이제
떠나갈 것은 떠나게 하고
남을 것은 남게 하자

혼자서 맞이하는 저녁과
혼자서 바라보는 들판을
두려워하지 말자

아, 그렇다
할 수만 있다면
나뭇잎 떨어진 빈 나뭇가지에
까마귀 한 마리라도 불러
가슴속에 기르자

이제
지나온 그림자를 지우지 못해 안달하지 말고

다가올 날의 해 짧음을 아쉬워 말자.

중얼거림

어린 아기가 처음 말을 배울 때 옹알이란 것을 합니다. 아직 말이 되지 않는 불분명한 소리를 입으로 내는 걸 옹알이라고 하지요. 시를 쓸 때도 옹알이가 필요합니다. 그 옹알이가 바로 중얼거림입니다. 중얼거림은 물론 혼자서 하는 것입니다.

혼잣말, 독백이지요. 의식하든 의식하지 않든 혼자서 말을 하다 보면 마음속에서 무슨 말이든지 안에서 계속해서 끌려 나올 것입니다. 마치 그것은 엉켜진 실꾸리에서 실 가닥 하나가 끌려 나오는 것 같습니다.

이것이 바로 시인이 말문을 트는 단계입니다. 말문이 터야 자기 나름의 어법이 생깁니다. 이것은 매우 중요한 문제이지요. 이 말문과 어법은 나중에 그 시인의 문체가 됩니다. 일가를 이룬 시인들 작품을 읽어보면 대번에 그 시인의 특성과 품격을 느끼는데 이것이 바로 문체에서 오는 향기입니다. 이것을 또 그 시인의 아우라Aura라고 말하기도 합니다.

문장에서도 물리학에서와 같이 상호작용의 법칙은 중요합니다. 애당초 외통수라는 건 없는 것입니다. 상호작용 법칙이야말로 질서의 법칙이고 생명 현상 그 자체입니다. 주고받는 말 가운데 평화가 열리고 공평의 세계가 생깁니다. 그 구체적인 방법이 대화법입니다. 혼자서 하는 말을 독백이라 하지만 그 근본은 대화에 있게 마련입니다.

우리가 아는 모든 좋은 시들은 대화법으로 문장이 구성되어 있음을 봅니다. 가령, 김소월 선생의 「진달래꽃」이란 시를 읽어볼 때도 그렇습니다.

나 보기가 역겨워	문呼, 뱉는 말
가실 때에는	답吸, 들이쉬는 말
말없이 고이 보내드리오리다	합合, 함께 하는 말
영변에 약산	문呼, 뱉는 말
진달래꽃	답吸, 들이쉬는 말

아름 따다 가실 길에 뿌리오리다	합合, 함께 하는 말
가시는 걸음걸음	문吻, 뱉는 말
놓인 그 꽃을	답吸, 들이쉬는 말
사뿐히 즈려밟고 가시옵소서	합合, 함께 하는 말
나 보기가 역겨워	문吻, 뱉는 말
가실 때에는	답吸, 들이쉬는 말
죽어도 아니 눈물 흘리오리다	합合, 함께 하는 말

    대화. 참 좋은 인간 행위이고 아름다운 세계의 열림입니다. 대화가 없는 곳에 불평이 있고 불화가 생기기 마련입니다. 시에서도 문장 안에 대화가 있어야 합니다. 아니, 시의 문장 자체가 생명체이므로 대화가 기본입니다. 대화는 질서이고 자유이고 평등이고 평화입니다.

    시인은 평생을 두고 자기의 내면을 들여다보며 끝없이 말하는 사람이기도 합니다. 독백이지요. 하지만 그 독백은 독백으로 끝나지 않고 대화로 바뀝니다. 혼자서 주고받으며 하는 말. 혼자서 하는 대화. 중얼거림 속에 시의 싹이 터서 자랍니다.

함께 읽는 시

행복

저녁때
돌아갈 집이 있다는 것

힘들 때
마음속으로 생각할 사람 있다는 것

외로울 때
혼자서 부를 노래 있다는 것.

사물에게 말 걸기

 제법 오래전의 일입니다. 어느 봄날, 함께 일하던 처녀들이랑 점심 식사를 하러 간 일이 있었습니다. 그 식당 주변에 매화나무가 있었고 매화나무는 봄을 맞아 온몸에 매혹꽃을 피우고 있었습니다. 장난삼아 내가 그 매화 한 송이를 따서 한 아가씨에게 주었습니다. 그러자 그 아가씨가 말하는 것이었습니다.

 "만지지 마세요." 그러자 옆에 있는 아가씨가 한마디 거들었습니다. "바라보기만 하세요." 그 말을 듣고 내가 보탰습니다. "그저 봄입니다." 그렇게 해서 짧은 시 한 편이 이루어졌습니다.

만지지 마세요
바라보기만 하세요
그저 봄입니다.

—「그저 봄」전문

  물론 이 글은 완벽한 시, 짜임새가 좋은 시라고 보기는 어려운 조금은 해학적인, 소품입니다. 다만 이렇게 일상생활의 대화 속에서도 시를 건질 수 있다는 것을 설명하기 위해 들어본 예시일 뿐입니다. 시 쓰기의 출발에서 자기 혼자서 하는 대화, 중얼거림도 중요하지만, 그다음으로 중요한 것은 사물과의 대화, 사물에게 말 걸기입니다.

  사람들은 흔히 대화란 것을 사람끼리만 하는 것으로 알기 쉬운데 실은 그렇지 않습니다. 인간은 마음이 있는 존재이므로 이 마음을 동원하여 세상 만물과 대화할 수 있습니다. 실은 내가 혼자 말하고 혼자 대답하는 것이지만 나무와도 말할 수 있고 구름, 바람, 나무, 새, 풀꽃, 개울물이나 산과도 말을 나눌 수 있는 것입니다.

  나무를 한참 동안 바라보며 나무에게 한마디 해보십시오. "자네, 참 오래 혼자 서 있네그려. 외롭지 않은가?" 그러면 나무가 대답해 올 것입니다. "나도 외롭지만 당신도 외로운 것 같소. 왜 그리 나만 빤히 쳐다보고 그러는 거요!" 이것은 실지로 나무가 하는 말은 아닙니다. 내 마음속의 또 하나의 내가 나에게 하는 말입니다. 이것이 바로 사물에게 말 걸기입니다.

시인의 능력 가운데 가장 필요한 능력은 천지 만물에게 내 마음을 보내어 그들의 마음과 나의 마음이 하나가 되게 하는 능력입니다. 이를 감정이입 感情移入 이라고 합니다. 이쪽의 감정이 저쪽으로 옮겨 들어간다는 뜻이지요. 이걸 영어로는 엠퍼시 empathy 라고 합니다.

엠퍼시는 공자님의 인 仁 이나 예수님의 긍휼 矜恤 이나 석가모니 부처님의 자비심 慈悲心 과도 상통하는 마음입니다. 측은히 여기는 마음이 바로 그것이며 안쓰러운 마음, 저 마음이 내 마음에야 하는 마음이 그 마음입니다. 이 마음이 사람을 살리고 시가 있도록 응원하는 든든한 버팀목입니다. 모름지기 시인은 만물과 소통하기를 즐겨, 만물의 아픔과 슬픔과 기쁨을 함께하고자 하는 마음을 가져야 합니다.

정말로 시를 쓰고 싶으십니까? 그것도 맑고 깨끗한, 좋은 시를 쓰고 싶으십니까? 그렇다면 인간들만 상대하지 말고 자연을 보다 더 많이 상대하십시오. 자연과 친하십시오. 인간의 편이 되려고만 하지 말고 가끔은 자연의 편이 되어보십시오. 내가 꽃의 주인이라고만 우기지 말고 꽃이 나의 주인이라고 거꾸로 생각해보십시오, 새나 산이나 나무나 구름이나 바람이 나의 형제요 부형이요 누이동생이라 생각해 보십시오.

저절로 새로운 마음이 샘솟고 눈부신 시어가 마음속에 떠올라줄 것입니다. 기어코 자연 만물이 나에게 좋은 말씀을 선물로 퍼부어 주실 것입니다. 그것을 받들어 모시는 것이 우리의 시라는 것을 부디 잊지 마십시오.

함께 읽는 시

꽃들아 안녕

꽃들에게 인사할 때
꽃들아 안녕!

전체 꽃들에게
한꺼번에 인사를
해서는 안 된다.

꽃송이 하나 하나에게
눈을 맞추며
꽃들아 안녕! 안녕!

그렇게 인사함이
백번 옳다.

세 가지 마음

 시를 쓸 때 시인에게는 세 가지 마음이 있어야 합니다. 오직 시를 쓰는 사람 자신의 마음만 가지고서는 안 됩니다. 이를 나는 작심作心, 문심文心, 독심讀心이라 말합니다.

 이들 세 가지 마음을 시를 쓰는 과정의 주체에 비겨보면 ① 작심→시인의 마음, ②문심→시의 마음, ③독심→독자의 마음, 이렇게 짝이 지어집니다. 시를 쓸 때는 이들 세 가지 마음이 독립적으로 작용하는 게 아니라 함께 작용하는 것이므로 이 세 가지 마음을 고루 헤아리면서 쓰도록 노력해야 합니다.

 자기 혼자서 자기 맘대로 함부로 시를 쓸 수 있다고 생각하는 건 오산입니다. 나도 젊은 시절엔 우악스럽게 내 뜻대로만 시를 쓴 사람 가운데 한 사람이었습니다. 그러나 시간이 지나면서 시라는 글이 그렇게 호락호락 쉽게 써지지 않는다는 걸 알게 되었습니다.

무엇보다도 시를 쓸 때 시인은 자의식을 너무 강하게 가지면 안 됩니다. 여기서 자의식이란 시인의 생각, 의지, 마음속 뜻을 말합니다. 더구나 억지나 고집을 부리면 안 됩니다. 그러면 시의 문장이 뻣뻣해지고 단어와 단어 사이에 피가 통하지 않게 되고 끝내는 답답해져서 좋은 시로서 실패하게 됩니다.

될수록 시인은 시를 쓸 때 겸손해지고 부드러워지도록 노력해야 합니다. 십분 몸을 낮추어야 합니다. 편안한 마음으로 시를 대해야 합니다. 시를 깔보는 마음이면 정말로 안 됩니다. 어쨌든 시인의 뜻이 너무 강해서 시를 지나치게 간섭하고 시비 걸고 좌지우지하면 시가 화가 나서 저 혼자 달아나버리고 맙니다.

무엇보다도 시인은 시를 쓰면서 시에게 자유도自由度를 십분 허락할뿐더러 시의 뒤를 조심스럽게 따라갈 필요가 있습니다. 그러면 시가 시인을 데리고 가면서 앞길을 열어주는 것은 물론, 시인이 전혀 뜻하지 않은 문장이나 단어까지를 선물하기도 할 것입니다. 더 나아가 제가 가진 순연한 속살을 보여줄

지도 모릅니다.

어떤 때는 저 멀리 보이지도 않고 존재하지도 않는 가상의 독자, 독심이 문장의 마음이나 시인의 마음을 끌고 갈 때도 있습니다. 문장이 하나 써지면 조용히 그 문장을 들여다보며 기다려줄 필요가 있습니다. 그러면 그다음에 새로운 문장이나 단어가 떠오를 것입니다.

그것은 봄이 와 죽은 듯 묵은 가지에서 새싹이 돋고 그 새싹이 자라 이파리가 되고 끝내 그 끝에서 꽃이 피어나는 과정과 같습니다. 그런 의미에서 시 쓰기도 하나의 생명의 발현 현상이라 하겠습니다. 이를 어찌 무딘 표현으로 다 설명한다, 하겠습니까!

요약해서 다시 말하면 시 쓰기는 작심과 문심과 독심이 서로 어울려 협동하는 매우 섬세하면서도 아름다운 협업의 한 과정이라 하겠습니다.

산책

백합꽃 향기 너무 진하여 저녁 때
대문이 절로 열렸네.

시의 첫 문장

'시의 첫 문장은 신이 주신 선물이다.'

이것은 내가 시를 처음 배울 때 들은 말입니다. 시를 써본 사람은 짐작할 것입니다. 처음 시를 쓰기 직전의 그 막막한 심정, 그것은 마치 폭풍전야의 고요함과 불안함과 같습니다. 시의 첫 단어를 무엇으로 할 것이고 첫 문장을 어떻게 시작할 것인가? 그것은 시를 쓸 때마다 중요한 문제입니다. 마치 신내림을 기다리는 무당과 같고 기도의 응답을 기다리며 절대신 앞에 엎드린 신실한 신도와 같습니다.

번번이 제정신으로 첫 문장, 첫 단어를 떠올리지 않습니다. 어떤 신비한 기운, 억제하지 못할 그 어떤 존재에 끌린 듯 첫 문장과 첫 단어를 기다립니다. 이렇게 첫 단어나 첫 문장이 주어지면 그다음은 비교적 수월하게 진도가 나갑니다. 언제든 좋은 시의 첫 문장은 마지막 문장까지를 통제하도록 되어 있습니다. 이 또한 인간인 시인의 자의적 노력이나 능력만으로는 불가능한 그 어떤 신비한 영역의 일입니다.

시를 쓰는 과정을 생각하면, 우리의 마음은 세찬 물살이 흘러가는 깊은 강물을 건너는 일과 같습니다. 아뜩합니다. 멉니다. 어지럽습니다. 마땅한 방법이 쉬이 떠오르지 않습니다. 이런 때는 환상적으로, 비현실적으로 강물을 건너야 합니다. 우선 마음을 모으고 마음속에서 커다란 돌덩이 하나를 꺼냅니다. 어떻게 그런 일이 가능하냐고요? 그러기에 마음의 수련이 필요하고 마음의 능력이 요구되는 일입니다. 어쨌든 첫 돌덩이 하나를 찾아내거나 만들어 내는 일은 본인이 책임질 일입니다.

그 돌덩이를 가져다가 조심스럽게 강물 속에 집어넣습니다. 돌덩이가 물에 들어가 징검다리가 되어 줍니다. 그러면 그 징검다리 위로 발을 옮깁니다. 휘청, 다리가 흔들리고 어지러울 것입니다. (이때의 다리는 물론 실제의 다리가 아니라 마음의 다리입니다.) 그래도 당황해서는 안 됩니다. 담대해야 합니다.

그런 다음, 마음을 가지런히 모아 강물 속을 들여다봅니다. 한참을 그러다 보면 강바닥으로부터 불쑥 또 하나의 돌이 올라오는 것을 보게 될 것입니다. 아니, 느낄 것입니다. 그러면 다시 조심스럽게 발을 옮겨 그 돌 위로 가야 합니다. 그렇게 차례대로 돌다리를 놓으면서 강물을 건넙니다. (이때의 강물이나 돌도 실제의 것이 아니라 우리의 마음속에 일어나는 어떤 변화를 이런 식으로 풀어서 설명한 것입니다.)

 부디 강물 한가운데서 뒤를 돌아보면 안 됩니다. 돌아보면 지나온 돌다리가 사라져 버린 것을 알게 될 것이기 때문입니다. 그러면 두려움은 더욱 커질 것입니다. 이제는 돌아갈 수도 없는 걸음, 다만 앞만 보고 나아가야 합니다. 그리고는 강물 속을 더욱 깊이 들여다보아야 합니다. 그렇게 하나씩 징검다리를 놓고 강물을 다 건넜을 때 안도감이 올 것입니다. 강물 건너편 땅에 발을 딛는 순간이 시의 마지막 문장에 마침표를 찍는 순간입니다.

 번번이 시를 쓰면서 신비롭기까지 한 경험을 하곤 합니다. 시를 한 구절 쓰거나 올리면 그다음 단계에서 다른 문장이나 낱말이 떠오르곤 합니다. 이때는 기다리는 마음이 중요합니다. 그다음 단계를 억지로 이성적인 판단이나 지식으로 채우

려고 하지 말고 그즈음에서 서성이거나 머뭇거려 줄 필요가 있습니다. 기다려보는 것이고 눈치를 살피는 것입니다. 그러면 이전에 내가 전혀 예상하지 못했고 짐작도 못했던 말들이 떠오르게 됩니다.

이는 가히 선물 수준입니다. 이것을 조심스럽게 받아쓰도록 노력해야만 합니다. 그러므로 시 쓰기는 시인 혼자서 독단적으로 가는 길이 아닙니다. 그것은 시심詩心과 함께 가는 길이고 더 나아가 시심이 이끄는 대로 따라가는 길일 수도 있습니다. 다시 한번 시 쓰기는 시인과 그 무엇과의 협업協業이고 나아가 다른 어떤 존재의 도움을 받아들이는 과정이기도 합니다. 이것을 알게 된다면 시 쓰기는 훨씬 부드러워지고 시를 기다릴 줄 아는 마음도 저절로 생길 것입니다.

함께 읽는 시

사랑에 답함

예쁘지 않은 것을 예쁘게
보여주는 것이 사랑이다

좋지 않은 것을 좋게
생각해 주는 것이 사랑이다

싫은 것도 잘 참아주면서
처음만 그런 것이 아니라

나중까지 아주 나중까지
그렇게 하는 것이 사랑이다.

의인법

 시를 쓸 때 시인이 가져야 할 기본적인 요소는 말투이고 시의 기본적인 표현법은 대화법입니다. 말투는 아기가 옹알이하면서 말을 배우듯이 시를 쓰면서 자기의 말투를 찾으면 됩니다. 앞에서 대화법 이야기를 했는데 바로 그것이 그것입니다. 여기서는 시 표현의 기본이 되는 의인법에 대해 말하겠습니다. 복잡하게 이미지image니, 메타포metaphor니, 상징이니 그런 어려운 말들을 꺼낼 필요도 없습니다. 의인법 하나만 제대로 알아도 충분히 좋은 시를 쓸 수 있습니다.

 의인법이란 사람이 아닌 다른 물체나 대상을 사람처럼 여기는 표현법이거나 사유법입니다. 아예 세상 만물을 사람으로 바꾸어 놓고 바라보고 듣고 느끼고 생각하고 또 표현하는 것이 의인법이지요. 세상은 사람과 사람 아닌 것으로 이루어져 있습니다.

사람이 아닌 것을 우리는 자연이라고 말하고 물체라고 말하고 사물이라고 말합니다. 더욱 단순하게 '나'와 '너'로 구성되어 있다고 말합니다. 어찌 되었든지 주체와 객체, 나와 너, 사람과 물체로 이루어진 것이 이 세상입니다. 거기서 주관과 객관이 나옵니다.

문제는 내가 아닌 다른 쪽을 어떻게 보느냐에 있습니다. 그런데 묘하게도 우리 말은 그 자체가 사물 일체를 인간처럼 보는 방향으로 표현되거나 구성되어 있음을 봅니다. 가령, '책상다리'라든가 '병 모가지'라든가 그런 말들이 모두 사람이 아닌 것들을 사람처럼 표현하고 있는 경우입니다.

문장으로 나타낼 때도 그렇습니다. '가로등이 외롭게 서 있다.' 이런 표현은 엄격하게 말하면 거짓입니다. 가로등은 외로운 것도 아니고 외롭지 않은 것도 아닙니다. 그냥 가로등일 뿐입니다. 그런 걸 사람들이 외롭다고 가로등이 감정을 가진 것처럼 표현하고 있습니다. '키 큰 미루나무가 머리칼을 쓰다듬고 있다.' 이것도 사실이 아닙니다. 미루나무에 머리칼이 있을

리도 없고 그 머리칼을 쓰다듬는 손이 있을 까닭도 없는 일입니다. 이것은 모두 의인법적인 표현의 사례요 기초라 하겠습니다.

의인법의 반대는 반의인법反擬人法입니다. 반의인법은 사람을 오히려 자연에 빗대어 표현하는 방법입니다. 예를 들어 '곰 같은 사람', '여우 같은 사람'이라든가 '목석같은 사람'이 바로 그런 표현들이고, 이런 표현은 나중엔 아예 '같은'을 떼어버리고 그냥 사람을 '곰', '여우', '목석'으로 통칭하기도 합니다.

> 여름을 보내기 싫은 마지막/ 매미 소리가 가늘고도 파란 강물을/ 멀리까지 흘려보낸다/ 따르르르// 사람의 마음도/ 매미 소리의 강물을 따라/ 멀리까지 흘러간다/ 따르르르// 들판 끝 어디쯤에서/ 손가락을 벌려 바람의 머리칼을/ 빗질하고 있는 나무 한 그루를 만나고// 하늘 한구석에 웃통을 벗고/ 가늘게 눈을 치뜨고/ 일광욕을 즐기는 구름 한 송이를 만나고// 패랭이꽃 빛으로 꽁꽁/ 숨어 있는 너를 만나기도 한다// 아, 살아서 숨 쉬는 사람이어서/ 얼마나 좋은가!

이 글은 오래전에 쓴 「따르르르」란 제목의 작품입니다. 이 작품은 어쩌면 의인법을 설명하기 위해 쓴 작품처럼 의인법이 많이 들어가 있습니다.

> A
>
> 여름을 보내기 싫은 마지막/ 매미 소리
> 들판 끝 어디쯤에서/ 손가락을 벌려 바람의 머리칼을/ 빗질하고 있는 나무
> 하늘 한구석에 웃통을 벗고/ 가늘게 눈을 치뜨고/ 일광욕을 즐기는 구름

> B
>
> 사람의 마음도/ 매미 소리의 강물을 따라/ 멀리까지 흘러간다
> 패랭이꽃 빛으로 꽁꽁/ 숨어 있는 너

A는 의인법적인 표현의 실례이고 B는 반의인법적 표현의 실례입니다. 의인법이든 반의인법이든 시의 내용을 싱싱하게 하고 생동감을 준다는 점에서 공통점을 갖습니다. 이러한 표현법 내지는 사유 방법을 통해 인간과 자연은 때로 하나가 되고 평화로운 세계를 이룹니다.

함께 읽는 시

바람에게 묻는다

바람에게 묻는다

지금 그곳에는 여전히

꽃이 피었던가 달이 떴던가

바람에게 듣는다

내 그리운 사람 못 잊을 사람

아직도 나를 기다려

그곳에서 서성이고 있던가

내게 불러줬던 노래

아직도 혼자 부르며

울고 있던가.

외워서 쓰기

늦은 저녁때 오는 눈발은 말집 호롱불 밑에 붐비다
늦은 저녁때 오는 눈발은 조랑말 발굽 밑에 붐비다
늦은 저녁때 오는 눈발은 여물 써는 소리에 붐비다
늦은 저녁때 오는 눈발은 변두리 빈터만 다니며 붐비다
— 박용래, 「저녁 눈」 전문

이 또한 제법 오래전의 일입니다. 새내기 시인 시절, 자주 찾아뵙고 이야기 나누고 시 쓰기 지도를 받았던 분 가운데 한 분이 박용래朴龍來 시인이었습니다. 박용래 시인 댁은 예전 대전

시 오류동이었는데, 어느 날 그분 댁에서 일박하면서 그분이 시 쓰는 모습을 보게 되었습니다.

그분은 하룻밤을 꼬박 새우면서까지 한 편의 시를 외우고 또 외우면서 고치고 고치는 것이었습니다. 주인이 잠을 자지 않으니 손님인 나도 잠을 잘 수가 없었습니다. 시인과 함께 하룻밤을 뜬눈으로 새웠지요. 공연히 시인 댁을 찾았구나, 후회도 되었지요. 그렇지만 그날 밤의 불면은 나에게 큰 도움과 가르침을 주었습니다.

그때까지만 해도 나의 시 쓰기는 어디까지나 종이에 쓰기만 하는 문어 중심의 시 쓰기였습니다. 쓰고 나서 읽어보는 쪽이었지요. 그런데 그날 이후 나는 말하고서 쓰는 구어 중심의 시 쓰기로 조금씩 바뀌게 되었습니다.

일단 종이에 시를 쓰기 전에 마음속으로 시 구절을 떠올립니다. 그리고는 그 시 구절을 오랫동안 입 속으로 외웁니다. 될 수록 오래, 여러 차례 외우는 것이 좋습니다. 그렇게 하면 서로 어울리는 말은 달라붙고 어울리지 않는 말은 멀어지는 현상이 일어납니다.

이것을 나는 언어의 자력磁力이라고 말합니다. 자석도 서로 어울리는 극끼리는 끌어당기고 그렇지 않은 극끼리는 밀어내는 것처럼 우리의 언어에도 그런 자력이 있다고 믿는 것이지요. 이것이 또 언어의 상생력 相生力과 상극력 相剋力입니다.

시를 쓸 때 시인은 서로 어울리는 말끼리는 될수록 가깝게 하도록 도와야 하고 어울리지 않는 말끼리는 멀리하도록 또 도와야 합니다. 그래서 최상의 아름다운 언어 조합을 이룩해야 합니다. 그렇게 상생을 늘리고 상극을 줄일 때 독자로부터도 환영받는 좋은 시가 태어날 것입니다. 이런 데서 시의 긴 생명력이 배태됩니다.

어쩌면 시를 쓴다는 것은 언어의 엔트로피 entropy/ 무질서도를 줄이는 작업인지도 모릅니다. 오늘날까지 독자들에게 환영받는 명시들은 이렇게 언어의 상생력을 한껏 드높이고 엔트로피를 최대한 줄인 작품들이라 하겠습니다. 이에 대해 오늘의 시인들은 자신의 문장에 대해 반성할 필요가 있습니다.

모국어. 어머니의 입술과 가슴과 혀로부터 배워서 익힌 말. 마음의 고향이요, 영혼의 안식처인 말. 모국어를 아끼며 사랑하며 시를 쓰는 시인은 행복합니다. 또한 그런 시를 써서 민족의 가슴에 마음의 보석으로 바치는 시인들은 위대한 일을 하는 사람들입니다. 그런 의미에서 시인들은 애국자라고 말할 수 있겠습니다.

가끔 전문적인 시 낭송가들을 만나 어떤 시가 잘 외워지고 어떤 시가 잘 외워지지 않느냐고 물으면 앞에서 말한 것처럼 언어의 상생력이 높은 시들이 잘 외워진다고 대답합니다. 말하자면 구어 중심의 시가 좋다는 것인데, 그만큼 시인 스스로 외워서 쓴 문장이 시 낭송가들에게도 잘 외워진다는 얘기가 될 것입니다.

함께 읽는 시

멀리서 빈다

어딘가 내가 모르는 곳에

보이지 않는 꽃처럼 웃고 있는

너 한 사람으로 하여 세상은

다시 한번 눈부신 아침이 되고

어딘가 네가 모르는 곳에

보이지 않는 풀잎처럼 숨 쉬고 있는

나 한 사람으로 하여 세상은

다시 한번 고요한 저녁이 온다

가을이다, 부디 아프지 마라.

뺄셈으로서의 시

수학 시간에 배운 대로 우리네 인생에도 네 가지 셈법이 있습니다. 가감승제加減乘除. 이 네 가지 셈법 가운데 사람들이 가장 좋아하는 셈법은 곱하기입니다. 횡재와 투기가 여기에 속하지요. 그다음으로 좋아하는 셈법은 덧셈입니다. 근면과 성실로 무엇이든 보태고 좋아지는 쪽일 테니까요.

하지만 시의 셈법은 뺄셈입니다. 뺄셈을 잘해야 시가 시다워지고 품격이 높아집니다. 생명력 또한 오래 갑니다. 임팩트, 감동이 증폭되는 것도 뺄셈에 의한 효과입니다.

정말로 시에서의 뺄셈은 중요합니다. 뺄셈을 하느냐 하지 않느냐에 따라 시가 죽느냐 사느냐가 결정됩니다. 사람도 살이 많이 찌면 다이어트란 것을 하지요. 사막에 사는 어떤 식물들은 스스로 가지를 잘라내어 최악의 상태를 모면한다고 합니다. 가을에 나무들이 몸속의 물을 뱉어내는 것도 겨울에 얼어 죽지 않기 위한 노력이라 그럽니다.

시에서의 뺄셈도 이와 마찬가지입니다. 죽느냐, 사느냐 갈림길이 거기에 숨어 있습니다. 모든 좋은 시, 아름다운 시, 주옥편 시들은 한결같이 이 뺄셈에 성공한 시들입니다. 그런 점에서 시는 세밀화이기보다는 약화에 해당합니다. 쓱 그린 그림, 약화가 세밀화보다 더 큰 울림을 줄 때가 있지요.

그렇다고 무턱대고 생략만 하자는 건 아닙니다. 얼마큼 생략할 것인가? 생략하더라도 기본 형태에 손상이 가지 않을 만큼 생략해야 합니다. 개울을 건너는 교량, 다리로 비유한다면 산문의 문장이 튼튼한 시멘트 다리라면 시의 문장은 징검다리라고 할 것입니다.

미술 기법에 조각의 기법이 있고 조소의 기법이 있습니다. 조각의 기법은 커다란 덩어리에서 불필요한 부분을 떼어내어 작가가 바라는 형상을 만드는 방법이고, 조소는 기본적인 받침대를 세우고 그 위에 필요한 요소들을 부착시켜 작가가 바라는 형상을 만들어 내는 방법입니다.

조각이 밖에서부터 안으로의 방법이라면 조소는 안에서부터 밖으로의 방법입니다. 이를 다시금 문학 작품에 비유한다면 조소는 산문 쓰기의 방법이 될 것이고 조각은 시 쓰기의 방법이 될 것입니다.

어쨌든 시 쓰기에서 중요하고 또 중요한 점은 줄이고 줄여 최대한 간소화한다는 것입니다. 그리하여 필수, 최소의 것만 남기는 것입니다. 이것이 시에서 말하는 촌철살인寸鐵殺人을 실현하는 길이 아닌가 싶습니다.

황홀 극치

황홀, 눈부심

좋아서 어쩔 줄 몰라 함

좋아서 까무러칠 것 같음

어쨌든 좋아서 죽겠음

해 뜨는 것이 황홀이고

해지는 것이 황홀이고

새 우는 것 꽃 피는 것 황홀이고

강물이 꼬리를 흔들며 바다에

이르는 것 황홀이다

그렇지, 무엇보다

바다 울렁임, 일파만파, 그곳의 노을,

빠져 죽어버리고 싶은 충동이 황홀이다

아니다, 내 앞에

웃고 있는 네가 황홀, 황홀의 극치다

도대체 너는 어디서 온 거냐?
어떻게 온 거냐?
왜 온 거냐?
천년 전 약속이나 이루려는 듯.

발견의 언어

그냥 줍는 것이다

길거리나 사람들 사이에
버려진 채 빛나는
마음의 보석들.

—「시」전문

위의 글은 내가 쓴 '시'라는 제목의 글입니다. 나는 오랫동안 시를 쓰는 사람으로 살면서 '시'가 무엇인가 궁금했고 '시인'은 어떤 사람으로 살아야 하는가 궁금하고 조심스러웠습니다. 그래서 쓴 글 가운데 한 편이 위의 시입니다.

어느 날 나는 시가 '마음의 보석'이란 생각을 했던가 봅니다. 그리고는 또 그 보석이 '길거리나 사람들 사이에/ 버려진 채 빛나고' 있다고 생각했던가 봅니다. 이것은 나로서는 매우 획기적인, 놀라운 사고의 전환이었고 인생의 전기轉機, 전환점, turning point 를 주었습니다.

그래서 어쩐다? 시를 쓴다는 것은 결국 다른 사람들이 이미 오래 지니고 있다가 필요 없다고 무심히 버린 마음들을 내가 주워서 다시 예쁜 보석으로 다듬어 버린 사람들에게 돌려주는 것이 아닌가 생각했습니다. 나는 그런 생각 앞에서 스스로 구원받은 느낌이 들었습니다.

그렇습니다. 시는 이미 사람들 사이에 충분히 있는 그 무엇입니다. 아니, 당연히 그래야 합니다. 그렇지 않고서는 안 됩니다. 보편성이 부족해서 안 됩니다. 그걸 찾아야 합니다. 그것도 충분히 아름답고 성숙된 한국말로 찾아야 합니다. 이것을 나는 '시의 발견'이라고 말하고 이러한 시를 '발견의 언어'라고 말합니다.

세상에서 새로운 것을 찾아내는 일을 우리는 '발명'이라 말하고, '발견'이라 말하지요. 발명은 세상에 아직 한 번도 없었던 것을 만들어 내는 것을 말하고, 발견은 이미 세상에 있던 것을 찾아내는 것을 말합니다. 나는 시인의 시 쓰기는 발명이 아닌 발견이어야 한다고 생각합니다. 발견 가운데서도 인생의 발견, 생활의 발견이어야 한다고 생각합니다.

그래야 독자들이 자연스럽게 시에 접근할 수 있으며 시의 세계로 따라 들어올 수 있습니다. 그래서 시는 오직 처음 보는 언어조직이지만 그것은 이미 독자들도 충분히 아는 것이어야 합니다. 듣도 보도 못한 것이지만 이미 독자들이 알고 있는 것을 찾아라, 그것이 시 쓰기의 요체입니다.

오래전에 읽은 기사(2019.6.30.)입니다만 영국의 런던에 탈북자 가족이 만든 '한겨레학교'란 학교에서 있었던 일이라고 합니다. 그 학교에 다니는 학생들은 모두가 외국에서 태어난 아이들로 영어를 사용하는데 그 아이들에게 한글을 가르치기 위한 교재로 시가 몇 편 소개되어 있었습니다. 그 시는 윤동주 시인의 「나무」와 「호주머니」란 동시와 박희순 시인의 동시 「매미」와 박길순 시인의 동시 「비」, 최성훈 시인의 동시 「고, 벌 하나가」와 그리고 나태주의 「풀꽃」이었습니다.

윤동주 시인은 우리가 잘 아는 시인이지만 박희순, 박길순, 최성훈 시인은 한국에서는 별로 알려지지 않은 시인들입니다. 그런데도 그들의 동시를 외국에서 사는 어린이들에게 한글을 가르치는 교재로 사용했다는 것은, 그만큼 그들의 작품이 아이들에게 재미있고 신선감이 있어서 그랬을 것입니다. 바로 발견의 즐거움이고 아름다움입니다. 결국은 유레카 eureka와 쾌감이지요. 자료 삼아 이들 작품을 옮겨보겠습니다.

함께 읽는 시

나무

윤동주

나무가 춤을 추면

바람이 불고

나무가 잠잠하면

바람도 자오.

함께 읽는 시

호주머니

윤동주

넣을것 없이
걱정이던
호주머니는

겨울만 되면
주먹 두개
갑북갑북.

함께 읽는 시

매미
박희순

나무가 우는 줄 알았다

설마
저 작은 것이
나무를 흔들고 있을 줄이야

설마
저 작은 것이
지구를 흔들고 있을 줄이야.

함께 읽는 시

비

박길순

비가 그치면
집에 가려고
창가에서
발을 동동동.

비는
그치지 않고
눈물만
창문에
똑똑똑.

함께 읽는 시

고, 벌 한 마리가
최성훈

윙,

어디에 날아온 것일까

머리 꼭대기에 올라앉은

조그만 한 마리

벌

고것이 온몸을 떨게 한다

벌벌벌벌.

민들레의 시학 1

민들레는 매우 흔한 꽃입니다. 봄이 오기만 하면 제일 먼저 샛노란 꽃을 피웁니다. 봄을 알려주는 전령사로서의 꽃이지요. 꽃을 피운 다음에는 꽃씨를 만들어 멀리멀리 날려 보냅니다. 아주 많은 씨앗, 그것은 또 가볍고 가벼운 홀씨입니다. 바람에 날려가는 민들레 홀씨, 그것은 얼마나 가볍게 멀리까지 가는 반가운 생명의 소식일까요!

민들레를 두고 볼 때도 지혜로운 시인은 많은 암시를 받을 수 있어야 합니다. 우선 민들레가 척박한 땅에서 뿌리내려 지악스럽게 싹을 틔우고 잎사귀를 키우고 줄기를 세우고 드디어 꽃대를 올려 여봐란듯이 꽃을 피우는 대목에 주목해야 합니다. 민들레는 이때 제가 가진 최선의 힘으로 꽃을 피웁니다.

이 단계가 바로 시인이 시를 창작해 내는 단계입니다. 시인들도 민들레처럼 자기가 가진 최선을 다해 시를 써야 합니다. 여기서 시인의 개별성, 특별성, 독창성, 고유성이 보장됩니다. 이것은 일차적으로 중요한 요소입니다. 그러나 아직은 아닙니다. 충분조건 이전의 필요조건입니다.

그다음은 민들레가 꽃을 피운 다음 꽃씨를 멀리 멀리까지 아주 가볍게 보내는 대목에 주목해야 합니다. 민들레 씨앗이 멀리까지 갈 수 있는 것은 제 몸이 가볍기 때문입니다. 그리고 민들레가 여기저기 피어난 것은 어미 민들레가 될수록 많은 씨앗을 보냈기 때문입니다. 시인도 마찬가지입니다.

시 작품이 멀리까지 가기 위해서는 시의 몸체가 가벼워야 합니다. 시의 형식이 간결하고 아름다워야 하며 시의 표현이 편하고 쉬워서 보다 많은 독자들이 이해할 수 있어야 합니다. 이것은 시의 보편성에 관한 이야기입니다. 시의 개별성이 필요조건인데 보편성은 충분조건입니다.

오늘날 시인들은 누구를 위해 시를 쓰는 것일까요? 누구에게 지지와 인정받기를 원하는 것일까요? 힘 있는 평론가, 대학교 교수, 영향 있는 기자들일까요? 아니면 자기 자신만의 오락이나 위안을 위한 것일까요? 때로는 그럴 수도 있겠지만 끝내 그래서는 안 된다고 봅니다.

　보다 많이 평범한 독자들을 위해서 시를 써야 합니다. 될수록 시를 모르는 사람들을 위해서 시를 써줘야 합니다. 더 나아가 미래의 독자들을 겨냥해야 합니다. 그래서 시를 모르는 사람들로부터 좋다는 평가가 나와야 합니다. 이것이 내가 말하는 시의 진정한 보편성입니다. 그 보편성을 민들레로부터 배우자는 것입니다. 민들레는 그렇게 나에게 변함없는 오랜 친구이고 스승입니다.

민들레의 시학 2

무릇 예술 작품에는 인간을 이롭게 하는 덕성이 있어야 합니다. 사람을 살리고 어려움을 돕는 어질고 너그러운 인간의 마음이 덕성입니다. 그것은 시에도 마찬가지입니다. 요즘 사람들은 한결같이 살기가 힘들다고 그럽니다. 시인은 절대로 그들과 내가 다르다고 생각해서는 안 됩니다. 저들이 힘들면 내가 힘든 것이나 마찬가지입니다.

이 시대의 시가 진정으로 어떠해야 하는지 생각해 봅니다. 다른 시인의 시가 아닙니다. 나의 시가 세상 앞에 어떠해야 하는지를 생각해 봅니다. 강연장에 나가 중등학교 학생들에게 묻습니다. 오늘날의 시가 어떠냐? 시의 특성이 무엇이라 생각하느냐? 이구동성으로 말하는 대답을 종합해 보면 이렇습니다.

첫째, 시는 짧은 형식의 글이다. 둘째, 시는 어렵고 난해하다. 셋째, 그래도 시 안에는 무언가 좋은 내용이 숨어 있을 것 같다. 이를 토대로 오늘날의 시가 어떠해야 할 것인지 이상적인 모습을 상정해보면 이렇습니다.

아무래도 시는 짧은 형식의 문장이어야 합니다. 그렇다면 '짧다short'에 첫 번째 방점을 찍습니다. 그다음으로는 시의 표현이나 문장이 좀 쉬워야 하겠습니다. 읽어서 쉽게 전달이 되는 시가 좋은 시입니다. 그렇다면 '쉽다easy'에 두 번째 방점을 찍습니다. 그런 다음에는 아무래도 그 구성이 단순 명쾌했으면 좋겠습니다. 여기서 세 번째 방점은 '단순하다simple'에 찍겠습니다. 마지막 고려사항은 시가 가져야 할 가장 중요한 특성인 공감과 소통에 주의합니다. 결국은 감동입니다. 그래서 네 번째 방점은 임팩트impact에 찍겠습니다.

이렇게 짧으면서 쉽고 단순하고 임팩트 있는 시가 독자들을 찾아서 갑니다. 가능하면 몸피가 작고 가벼워서 멀리멀리 갔으면 좋겠습니다. 여린 바람에도 멀리멀리 헤엄쳐서 날아가는 민들레 홀씨처럼 그렇게 날아서 될수록 많은 사람을 향해서 가기를 희망합니다. 될수록 모르는 독자들, 미지의 독자들을 찾아서 가기를 소망합니다.

'나의 시여. 영혼의 언어여. 그들에게 가서 그들의 고달픈 어깨에 부드러운 손을 얹어 위로와 축복이 되고, 그들의 답답한 가슴에 샘물을 만들어 기쁨과 감동이 되고, 그들의 어깨에 꽃이 되어 사랑과 평화가 되어라. 그것이 지상명령이며 그대에게 바라는 소임이다.' 이것이 내가 나의 시에게 주문하는 바 덕성입니다.

이제 시를 두고 각성과 함성과 흥분과 분노를 요구하는 시대는 지났다고 봅니다. 그 대신 독자들이 시에게 요구하는 것은 위로와 축복과 응원과 동행과 기도입니다. 이를 나의 시가 잊지 말았으면 좋겠습니다.

강아지풀의 시학

제법 오래전, 1990년대 중반의 일입니다. 나는 그 시절 충남 논산의 한 시골 초등학교 교감으로 일하고 있었습니다. 시 쓰기와 함께 연필로 그림 그리기에 새롭게 재미를 붙여 살던 때입니다. 주로 풀이나 꽃을 그렸습니다. 멀리에 있는 것이 아니라 주변에 있는 것들 가운데 마음이 가기만 하면 무엇이든 그렸습니다.

계절은 10월 하순. 서리 맞아 풀이며 꽃들이 시들어 있었습니다. 시내버스를 타고 통근했습니다. 오가다 보니 학교 부근 차도 한 귀퉁이에 강아지풀 숲이 우거져 있었습니다. 그런데 그것들도 서리를 맞아 갈색으로 시들어 있었습니다, 가만히

살펴보니 강아지풀들이 여러 줄기 어울려 서 있는 게 여간 예쁜 게 아니었습니다.

내 한번 저 강아지풀을 그려 보리라. 오전 출근길에 그려야 할 강아지들을 유심히 보아두었습니다. 구도가 매우 좋았습니다. 5시 퇴근 시간을 조금 앞당겨 연필과 지우개와 돋보기를 준비해서 그 강아지풀들이 있는 곳으로 갔습니다. 돋보기를 꺼내어 쓰고 강아지풀을 그리기 시작했습니다.

지금도 그렇지만 그때는 더욱 그림 그리기가 서툴렀습니다. 나의 그림 그리기는 우선 자세히 보기와 오랫동안 보기로부터 시작합니다. 그러다 보니 시간이 많이 소모됩니다. 들여다보고 또 들여다보아야 그려야 할 소재의 선이 마음속에 떠오릅니다. 그러면 그 선이 내 몸속으로 들어왔다가 내 손을 통해서 종이 위로 옮겨 갑니다. 작고도 단순한 그림 앞에 까다로운 주문이 따릅니다.

그렇게 한참 동안 강아지풀을 그렸습니다. 겨우 아홉 가닥의 강아지풀입니다. 그런데 하도 더디게 그림을 그리다 보니 그림 그리는 사이에 그만 날이 저물고 있었습니다. 깊은 가을날의 오후 시간이라 그랬을 것입니다, 그림을 그리는데 눈앞이 잘 보이지 않는 것이었습니다. 왼쪽의 여섯 가닥을 그리고 오른쪽의 세 가닥을 더 그려야만 하는데 눈앞이 보이지 않으니 이를 어찌하면 좋습니까! 심히 당황스러운 일입니다.

그때 마음속에서 무슨 소린가가 들려왔습니다. "아저씨 우리도 데려가 주세요. 여기 그냥 놔두지 말고 우리도 아저씨 집으로 데려가 주세요." 물론 이것은 내 마음속에서 들려온 또 하나 나의 말에 다름 아닙니다. 그러나 나는 그것을 마치 그리지 못한 강아지풀의 말로 들었습니다. 아, 이를 어찌하면 좋단 말인가! 나는 속으로 떨고 있었고 드디어 울먹이고 있었습니다.

서둘러 대충 그림을 완성하고 나서 나는 가방을 챙겨 버스를 타기 위해 서쪽 방향의 정류장으로 발을 옮겼습니다. 아직 완전히는 어두워지지 않아 서쪽 하늘이 벌겋게 타오르고 있었습니다. 어둠 속을 걸어가는 발길이 매우 허청거렸습니다. 그런데 이것은 또 이것은 무슨 망발이란 말입니까! 갑자기 가슴 밑바닥으로부터 울음이 터져 나오는 것이 아닙니까!

"이것들아, 이것들아." 나는 드디어 꺽꺽 소리를 내어 울면서 길을 걷고 있었습니다. 그날 서리 맞아 시든 강아지풀 몇 줄기와 나는 한 가족이었습니다. 그들은 나의 사랑스러운 제자들이었고 피붙이 아들딸들이었습니다.

함께 읽는 시

강아지풀에게 인사

혼자 노는 날

강아지풀한테 가 인사를 한다
안녕!

강아지풀이 사르르
꼬리를 흔든다

너도 혼자서 노는 거니?

다시 사르르
꼬리를 흔든다.

꿀벌의 언어

세상의 모든 음식물 가운데 가장 정결하고 아름다운 음식물은 젖과 꿀입니다. 그러기에 성경에서도 보면 가나안 땅을 '젖과 꿀이 흐르는 땅'이라고 표현했을 것입니다. 젖은 동물에서 나오는 음식이지만 그 동물을 해치지 않고 얻을 수 있는 음식입니다. 또 그 음식은 어린 것들을 기르고 가꾸는 거룩한 먹이가 됩니다. 꿀은 식물에서 얻는 음식인데 역시 가장 고급하고 영양가가 높은 음식입니다.

나는 여기서 꿀과 연결하여 시를 이야기해보고 싶습니다. 또 시인에 대해서도 이야기해보고 싶습니다. 꿀은 본래 꿀벌의 것이 아니었습니다. 우리가 알다시피 꿀은 꽃에 있었던 것이었습니다. 꽃들이 생존 수단으로 꽃가루받이를 하기 위해 스스로 마련한 것이 꿀입니다. 이렇게 꽃들이 준비한 꿀을 꿀벌이 찾아가 모은 것이 꿀입니다. 그러기에 우리는 '꽃꿀'이라고 하지 않고 '벌꿀'이라고 하는 것입니다.

이것은 시를 두고서도 같은 맥락으로 설명될 수 있습니다. 본래 꿀이 모든 꽃에게 있었던 것처럼 시는 세상 만물, 세상 모든 사람의 생각과 느낌, 그 삶 속에 이미 내재한 그 무엇입니다. 그것을 시인들이 가져다가 자기의 시로 만드는 것입니다. 그렇지만 아무도 그러한 시를 세상 모든 사람의 시라고 말하지 않고 시인의 것이라고 말합니다. 꿀의 경우에서 꽃의 꿀(꽃꿀)이 아니라 벌의 꿀(벌꿀)이라고 말하는 것과 같습니다.

이런 점에서 시인들은 겸손해야 하고 늘 자기만의 문제나 느낌, 생각에만 몰두하지 말고 주변의 모든 사람들의 그것에 대해 겸허히 귀를 기울이고 부드럽게 접근할 필요가 있습니다. 그야말로 오만이나 자만, 현학, 자기 자랑은 금물입니다. 도대체 누구를 위한 시인가요? 세상 모든 사람의 시, 내가 아닌 다른 사람들을 위한 시이어야 합니다. 이제는 '나'의 문제만이 아니라 '너'의 문제에 보다 더 큰 비중을 갖고 살가운 관심의 눈을 주어야 하고 또 너의 고통과 슬픔, 실패, 불행, 고난과 함께

해야만 합니다.

무엇보다도 벌꿀처럼 유용하고 두루 인간에게 유익한 존재가 되어야 합니다. 시인 또한 한 마리 꿀벌처럼 부지런하고 선량한 생명체여야 합니다. 그렇지 않고서는 이 시대에 시와 시인이 지지받을 도리가 없고 살아남을 길은 없습니다. 가령, 몸이 아플 때 우리는 약국에 가서 어떠한 약을 사서 먹는가요? 당연히 아픈 증상이 사라지는(병증이 낫는) 약을 사다 먹습니다.

시도 마찬가지고 시인들도 또한 그러합니다. 이제는 유명한 시, 유명한 시인이 아닙니다. 그것을 독자들은 요구하지 않습니다. 아니, 필요로 하지 않습니다. 사람들이 지금 마음으로 아프고 살기가 힘들다고 호소하지 않습니까! 거기에 대해 즉각적인 대책은 못 된다 하더라도 위로를 주고 어루만짐이라도 주고 동행의 마음이라도 허락해야 합니다. 그렇지 않는 한 시가 앉은 자리는 물론 시인에 대한 신뢰나 존경은 애당초 불가능한 것입니다.

가끔 나는 좋은 말을 하는 사람들에게 이렇게 말하곤 합니다. '말씀을 그렇게 함부로 막 하지 마십시오. 제 곁에서 그렇게 좋은 말을 하면 제가 그 말을 훔쳐다 시로 쓸 것입니다.' 처음에 사람들은 자기에게 욕을 하는 줄 알았다가 듣고 보니 자기의 말이 좋다는 말이고 아름다운 말이라는 것이니 오히려 즐겁게 웃는 경우가 있습니다. 이처럼 시는 너의 것이 나의 것이고(또 나의 것이 너의 것이고) 서로가 상통하면서 유쾌하게 주고받는 그 무엇인 것입니다.

함께 읽는 시

기쁨

난초 화분의 휘어진
이파리 하나가
허공에 몸을 기댄다

허공도 따라서 휘어지면서
난초 이파리를 살그머니
보듬어 안는다

그들 사이에 사람인 내가 모르는
잔잔한 기쁨의
강물이 흐른다.

저수지의 시학

시인은 일생을 두고 시를 씁니다. 10년, 20년이 아니라 50년, 60년 시를 씁니다. 그러다 보니 앞부분의 시와 뒷부분의 시가 다를 수 있습니다. 아니, 당연히 달라야 합니다. 만물은 변하는 것만이 변하지 않는 진리라 했으니, 한 시인이 쓰는 시라고 해서 예외일 수는 없는 일입니다. 그렇습니다. 변하는 것만이 생명 있는 존재, 살아 있는 존재입니다.

편의상 두 부분으로 시인의 시를 나누어 보겠습니다. 처음 시를 출발시킨 시인, 신진 시인의 경우는 샘물의 시기라 하겠습니다. 자기가 판 샘에서 물을 퍼내어 시를 쓰는 시기라 하겠습니다. 당연히 개성이 강하고 고집이 있고 카랑카랑한 시가 쓰여질 것입니다. 주로 유년의 경험과 청춘의 열정이 시의 내용이 되고 시의 숨결도 힘차게 마련입니다. 그건 나도 그랬습니다.

그러나 운이 좋은 시인, 시를 두고 오래 고민한 시인, 시인으로서의 변화나 전기를 마련하고 싶어 애쓴 시인은 샘물의 시기를 벗어나 다른 시기를 맞습니다. 그것이 저수지의 시기입니다. 샘물의 시기가 시인 개인의 샘물에서 퍼낸 물로만 시를 쓰는 시기라 한다면 저수지의 시기는 다른 사람들의 물이 함께 섞인 저수지의 물로 시를 쓴다는 것입니다.

당연히 시의 주제나 내용, 기술 방법이 달라질 것입니다. 시를 일러 한 개인의 고백과 하소연을 담은 글이라고 한다면 저수지의 시기에는 개인의 고백이나 하소연뿐만 아니라 동시대 사람들의 고백과 하소연을 함께 담은 시가 되어야 한다는 것이 다를 것입니다. 보다 세상을 바라보는 눈이 넓고 깊으며 나의 문제보다는 세상의 문제, 타인의 문제에 시선이 가 있을 것입니다.

그러나 이 시기에도 주의해야 할 것은 시인이 본래 가진 샘물을 멈추게 해서는 안 된다는 것입니다. 계속해서 자신의 샘물에서 맑은 물이 솟아나게 해야 합니다. 그래서 이 시기의 시인은 저수지의 시인이되 '샘물을 숨긴 저수지의 시인'이 되어야 합니다. 이것이 후기에 이른 시인의 개인적 축복이요 영광이라 생각합니다. 이를 정리하면 이렇습니다.

① 샘물의 시인 – 첫출발의 시인, 신진 시인. 자기의 샘물을 퍼내어 개성 있게 시를 쓰는 시인의 시기.

② 저수지의 시인 – 타인의 물까지 받아들여 광범하게 시를 쓰는 시인. 보편성을 넓힌다.

③ 샘물을 숨긴 저수지의 시인 – 개성과 보편성을 더불어 갖춘 시인. 가장 이상적인 상태.

함께 읽는 시

돌멩이

흐르는 맑은 물결 속에 잠겨

보일 듯 말 듯 일렁이는

얼룩무늬 돌멩이 하나

돌아가는 길에 가져가야지

집어 올려 바위 위에

놓아두고 잠시

다른 볼일 보고 돌아와

찾으려니 도무지

어느 자리에 두었는지

찾을 수 없다

혹시 그 돌멩이, 나 아니었을까.

정, 파, 리

나는 평생 시골에서만 산 사람입니다. 하지만 주변에 좋은 선배나 스승이 있어서 그분들의 지혜를 얻어 더듬더듬 인생과 시업詩業을 이어온 사람입니다. 고맙지 않을 수 없습니다. 그런 선배 시인 가운데 한 분이 대전에서 살다가 세상을 떠난 임강빈任剛彬 시인입니다.

언젠가 오래전, 그분은 나에게 특별한 말씀 한 가지를 들려주셨습니다. 그것은 고전적인 무술의 이야기로 '정定, 파破, 리離'에 대한 것이었습니다. 그것은 그때까지 한 번도 들어본 일이 없는 내용이었습니다.

내용은 이렇습니다. 동양의 무술 세계에는 예부터 전해 오는 비법이 있다는 것입니다. 그것은 누구나 좋은 선생님을 만나 열심히 공부하고 수련하면 충분히 자기 것으로 할 수 있는 것이 있다고 합니다. 이른바 정공법인데 그것을 정定의 단계라고 한다는 것이지요. 하지만 이 정공법만으로는 상대방을 이길 수 없다는 것입니다.

내가 아는 방법을 저쪽도 알기 때문에 그렇다는 것입니다. 그러기에 그다음 단계를 준비해야 한다는 것입니다. 그것이 파破의 단계이고, 나아가 리離의 단계라는 것이다. 일단 자기가 배우고 이룬 세계를 부수는(망각하는) 단계가 파의 단계입니다. 그리고 그 누구도 알지 못하는 세계를 창안해내는 단계가 리의 단계입니다. 그래야만 정공법으로 들어오는 상대방의 공격을 막을 수 있고 정공법으로 피하는 상대방의 방어를 뚫을 수 있다는 것입니다.

나는 처음 이 이야기를 듣는 순간 가슴에 환한 등불이 켜지는 듯한 느낌을 받았습니다. 아, 그렇구나, 그것이 정말로 그렇구나, 한없이 고개가 끄덕여지고 마음이 멀리까지 가는 것을 느꼈습니다. 정말로 구원을 받은 것 같은 기쁨이 있었습니다.

이내, 나는 나의 시를 두고 생각해봤습니다. 1971년 서울신문 신춘문예에 시가 당선되어 1980년 시집 『막동리 소묘』로 흙의 문학상을 받은 것은 나의 시로서는 정定의 단계라 할 것입니다. 그러나 그 이후로 아주 오랫동안 나의 시는 잡초밭을 면치 못했습니다. 서울의 시단으로부터도 잊히는 시인의 세월이 길었습니다. 파破의 단계가 오래 지속되었습니다.

진실로 진실로 나는 파의 단계를 마무리하고 리離의 단계를 맞고 싶었습니다. 아마 그것은 1995년부터가 아닌가 싶습니다. 내용을 바꾸어야 형식이 바뀌는 것이 아니라 형식이 바뀌어야 내용이 바뀐다는 생각을 하게 되었습니다. 지금까지 살던 삶의 방식을 바꾸기로 했습니다. 온갖 외부 모임을 자제할 것. 방송에 출연하지 않고 신문 칼럼을 쓰지 않을 것. 진정으로 읽고 싶었던 몇 권의 고전을 정독할 것. 그때 읽은 책이 노자 『도덕경』이고 헨리 데이비드 소로의 『월든』이고 일본 사진작가의 여행기 『인도 방랑』입니다.

그런 뒤로 조금씩 나의 시가 달라지고 있었습니다. 그것은 초기 정의 단계에서 쓰던 시와는 또 다른 시였습니다. 더불어 연필그림 그리기를 새롭게 시작했습니다. 연필그림 그리기는 나에게 사물이나 현상 너머의 세계를 바라보는 눈을 주었습니다. 말하자면 관조의 눈을 선물한 것입니다.

거기서 나온 작품이 바로 「풀꽃」(2002년)이고 「행복」(2001년)입니다. 이로써 나는 리의 단계에 이른 것입니다. 처음 시를 배울 때 나는 '시의 첫 문장은 신이 주신 선물이다'라는 말을 들었는데 나는 그 말을 '시의 끝 문장은 신이 주신 선물이다'로 바꾸고 싶었습니다. 그 시가 바로 '풀꽃' 시라고 하겠습니다.

함께 읽는 시

그리움

가지 말라는데 가고 싶은 길이 있다

만나지 말자면서 만나고 싶은 사람이 있다

하지 말라면 더욱 해보고 싶은 일이 있다

그것이 인생이고 그리움

바로 너다.

서정과 서사

가끔 문학 모임이나 풀꽃문학관에서 독자들을 만날 때 나의 시에 대해서 듣는 경우가 있습니다. 독자들은 나의 시 가운데 어떤 시가 좋았다, 어떤 시에서 위로를 받고 용기를 얻었다 말하기도 합니다. 그런데 그런 시들에게서 공통적으로 느껴지는 것이 있습니다.

그것은 독자들이 그렇게 느끼고 말하는 시들이 한결같이 사연事緣이 있는 시라는 사실입니다. 나로서 사연입니다. 나만 아는 숨은 이야기입니다. 결코 시의 문장에 사연이 드러나 있지 않습니다. 시의 문장은 철저히 서정의 문장이기에 그렇습니다. 그런데도 독자들은 사연을 알아차립니다.

독자들이 알아차리는 것이 바로 서사敍事입니다. 독자들은 시의 바닥에 깔린 서사를 알아차리고 그것을 좋아하는 것이지요. 서사란 우리네 인생과 삶에서 구체적으로 일어나는 경험 그 자체입니다. 그리고 서정은 그 경험 위에 생기는 감정을 말합니다.

비유한다면 우리네 삶은 날마다 여름날 홍수철 몸부림치며 흘러가는 강물과 같습니다. 온갖 찌꺼기가 섞여 있는 흐린 물과 같습니다. 그걸 유리컵에 떠다가 잠시 놓아둔다, 합시다. 그러면 아래에 가라앉는 찌꺼기들이 있고 위에 뜨는 맑은 물이 있을 것입니다.

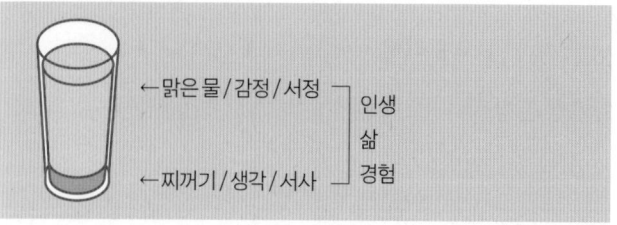

컵의 아랫부분에 가라앉는 찌꺼기가 서사이고 컵의 윗부분에 조금은 맑은 물이 서정입니다. 그러나 위에 뜬 맑은 물이라고 해서 증류수나 식수처럼 깨끗하기만 한 물은 아닙니다. 아랫부분에 가라앉은 찌꺼기의 흔적이 남아 있는 물입니다. 이 흔적을 영리한 독자들은 알아차리고 그것을 좋아하는 것입니다.

> 지고 가기 힘겨운 슬픔 있거든/ 꽃들에게 맡기고// 부리기도 버거운 아픔 있거든/ 새들에게 맡긴다// 날마다 하루해는 사람들을 비껴서/ 강물 되어 저만큼 멀어지지만// 들판 가득 꽃들은 피어서 붉고/ 하늘가로 스치는 새들도 본다.
> ―「꽃이 되어 새가 되어」전문

이 시는 내가 죽을병에 걸려 신음하던 2007년 여름에 서울 아산병원 정원에서 쓴 작품입니다. 나는 정말로 죽을지도 모른다는 절체절명의 병고 앞에서 시집이라도 한 권 더 내고 죽고 싶었습니다. 그래서 병상에서 쓴 시들을 모아 문학사상사에 보냈는데 출판사 편집자로부터 표제시標題詩가 될만한 시를 한 편 더 써달라는 주문이 왔습니다. 그래서 주사기 바늘을 양손에 꽂은 채 병원 뜨락을 서성이면서 쓴 작품이 바로 이 작품입니다.

참으로 용한 일입니다. 작품의 문장 어디에도 위에서 밝힌 것과 같은 내용, 서사는 없습니다. 심각한 위기의식이나 불행도 없습니다. 다만 화사할 뿐입니다. 그런데도 독자들은 그 절박함을 알아차린다는 것입니다. 참으로 놀라운 일입니다. 이런 데서도 나는 인간에게 영력靈力이란 것이 얼마나 중요하게 작용하는가를 알게 됩니다.

함께 읽는 시

부탁

너무 멀리까지는 가지 말아라
사랑아

모습 보이는 곳까지만
목소리 들리는 곳까지만 가거라

돌아오는 길 잊을까 걱정이다
사랑아.

시인의 자기 점검

시는 찾아 들어가는 출입구부터가 산문과 완전히 다릅니다. 감정을 들고 감정의 출입구를 찾아야 합니다. 그런데 시를 오랫동안 써온 분들도 생각을 들고 생각의 출입구를 찾아갑니다. 그렇게 되면 시의 문이 열리지 않습니다. 절대로 시가 되지 않고 수필이나 생활감상문이나 일기 같은 글이 되고 말지요. 거기서부터 심각한 자기 점검이 있어야 합니다.

첫째는 시의 내용에 대한 점검입니다. 자기가 쓰는 시의 소재에 대한 점검이지요. 나는 과연 감정을 시의 소재로 삼고 있는가? 아니면 생활 가운데 일어난 어떠한 사실이나 기억이나 생각을 시의 소재로 삼고 있는가? 시의 소재가 일상생활의 경험에서 오는 것은 맞습니다. 그러나 일상생활의 경험 그대로의 사실이나 사건이나 생각이 시의 소재가 되는 것은 아닙니다. 그렇게 되면 처음부터 패착이지요.

살아가다 보면 자기도 모를 감정이 가슴 속에 꽉 차오를 때가 있습니다. 불편하고 괴롭고 답답하기도 할 것입니다. 어떻게 하든지 그것을 해소해야 합니다. 밖으로 꺼내주어야만 내가 견딜 것 같습니다. 그때가 바로 시가 싹트는 시기요, 시 쓰기의 적기입니다. 실상 시는 자기도 잘 모를 것 같은 감정을 자기만이 아는 언어로 표현하여, 밖으로 꺼내는(트랜스, transformer) 번역 작업이니까요. 엉켜진 실꾸리를 푸는 것 같은 작업이 바로 시 쓰기입니다.

두 번째는 나는 어떻게 시를 쓰고 있는가, 시의 표현에 대한 점검입니다. 자기가 알고 있는 사실이나 경험 내용을 떠오르는 그대로 나열하는 것은 처음부터 시가 아닙니다. 시의 소재, 그러니까 내용이 사실이나 생각이 아니고 느낌이나 감정이라고 했지요. 그렇다면 표현도 거기에 맞도록 해야 합니다. 앞엣것이 나열이나 설명이나 묘사로 나간다면 뒤엣것은 고백이나 호소로 나가야 합니다.

말하자면 감정이 급한 순서로 표현해야 한다는 말입니다.

그러니까 생각, 시간의 질서, 공간의 질서가 아니란 걸 유념해야 합니다. 이것을 사실의 질서가 아니라 감정의 질서라고 말합니다. 그리고 동원되는 언어도 감정을 담을 수 있는 언어를 선택해야 합니다. 있는 그대로를 직설적으로 표현하는 언어가 아니라 감정을 담아낼 수 있는 언어를 선택해야 합니다. 그러기 위해 시인은 비유법을 즐겨 선택하기도 합니다. 이른바 이미지인 것입니다.

가끔 보면 너무 많은 내용을 시에 담아내려고 애쓰는 경우를 봅니다. 프랑스 시인 폴 발레리가 했다는 말, '산문은 도보요 시는 춤'이라는 말을 기억하실 것입니다. 이 말은 시의 표현 범위를 너무 넓게 잡지 말라는 충고입니다. 정해진 좁은 무대 안에서 무용수가 동작으로 자기의 감정을 표현하듯이 시는 작은 문장 형식 안에서 자기의 감정을 충분히 나타내려고 노력하라는 말이기도 합니다.

세 번째로는 시인의 말법에 대한 점검입니다. 사람은 누구나 말의 스타일을 지니고 있습니다. 시인도 시를 쓸 때는 자기만의 말법, 즉 스타일을 가지고 있어야 합니다. 그러기 위해서는 말문을 터야 합니다. 어떻게 하면 자기만의 말문이 틀까요? 그것에 대해 분명하게 알려드릴 수는 없는 일입니다. 오랜 수

련을 거쳐야만 그것은 가능한 일이기 때문이지요.

하지만, 여기서 도움 드리고 싶은 작은 방법 하나가 있습니다. 그것은 시를 쓸 때 오로지 자기 혼자서만 말하려고 고집하지 말라는 것입니다. 자연이나 세상이나 주변에 있는 사람들의 말을 빌려서 시를 쓰자는 것입니다. 그러니까 일종의 빙의憑依 같은 것을 얘기하는 겁니다. 그럴 때 시의 말법이 깊어지고 부드러워지고 때로는 신비해지기도 할 것입니다.

이렇게 말하고 나면 시 쓰기가 너무 어렵다고 생각하실지 모르겠습니다. 그래서 아예 시 쓰기를 포기하고 싶다는 결론에 이를지도 모릅니다. 정말로 그렇다면 나의 충고는 약이 아니라 병을 드린 것이겠지요, 하지만 세상만사, 편하게 저절로 되는 일은 없다고 생각해 주십시오. 시라는 문장이 고귀한 문장이므로 거기에 도달하는 길도 높고 깊고 험하다고 생각해 주십시오.

여기서 나는 어떤 시가 정말로 시다운 시이고 좋은 시인지 분명하게 말해드릴 수는 없습니다. 그러나 그 반대의 문장에 대해서는 말해드릴 수 있습니다. 반대의 길을 피하므로 원하는 길에 가까워지자는 얘기이지요. 그렇습니다. 시 쓰는 사람으로서 이런 문장은 피하는 게 좋습니다. 수필 비슷한 시. 소설

비슷한 시. 감상문 비슷한 시. 일기문 비슷한 시.

다시 말하지만 시는 사실이나 생각의 문장이 아니라, 느낌이나 감정의 문장이라는 걸 꿈에도 잊지 마십시다. 그것에 대해서 쓰는 문장이 아니라, 그것 자체를 쓰는 문장이고, 그것 자체가 되도록 도와주는 문장이라는 것을 또한 믿읍시다. 당신의 시 쓰기의 영광과 행운을 빕니다.

함께 읽는 시

우는 것도 힘이다

아직도 어린아이처럼
땅바닥에 주저앉아
울고 싶다고?

세상이
왜 이러느냐고?
왜 나한테만 이러느냐고?

그렇다면 울어라
소리 내어 정말로
어린아이처럼
큰 소리로 울어라

우는 것도 힘이고
능력이다
우는 힘으로 부디

씩씩하게 더 잘 살아라.

AI시대의 시 쓰기

 나는 AI에 대해 아는 게 많지 않습니다. 그래도 AI에 대해서 말해보고 싶고 AI로 시 쓰기에 대해 이야기해보고 싶습니다. AI. 인공지능. 그는 이미 우리들 삶 깊숙이 와 있고 미래를 사는 누구도 피할 수 없는 삶의 조건이 되었기 때문입니다.

 서방의 현대 과학자나 미래학자들이 인류 멸망의 원인을 핵폭탄과 기후변화, AI의 영향으로 말하고 있을 정도로 AI는 심대한 주제 가운데 하나입니다. 그렇다면 AI에 대해 회피할 것이 아니라 적극적으로 대응하고 학습하는 것이 필요하다고 봅니다.

 내가 AI로 시 쓰기에 대해 관심을 가진 것은 3년 전, 그러니까 2022년 10월 24일 자 동아일보 기사 덕분입니다. 그 기사는 이호재란 기자가 작성한 기사로 〈김훈 문체까지 흉내 내는 AI … 소설은 '합격', 시–가사는 '낙제'〉란 제목이었습니다.

기사 내용을 잠시 들여다보면 AI에 입력한 문장과 AI가 이를 바탕으로 내놓은 창작 글에 대한 네 가지 사례가 나와 있었습니다.

> **장편 소설 《하얼빈》(김훈)**
>
> **입력한 문장**
>
> 1908년 1월 7일, 일본 천황 메이지는 도쿄의 황궁에서 대한제국 황태자 이은을 접견했다. 이은은 열두 살이었다.
> 한국 통감 이토 히로부미는 한국 황태자의 보육을 책임지는 태자태사의 자격으로 작년 말 이은을 서울에서 도쿄로 데려왔고 이날 메이지의 어전으로 인도했다.
>
> **AI 창작**
>
> 이은은 일본 황족 나시모토노미야, 모리마사의 딸 마사코와 결혼했다. 이은은 일본 황족과 결혼한 첫 한국인이 됐다.

> **장편 소설 《파친코》(이민진)**
>
> **입력한 문장**
>
> 역사는 우리를 저버렸지만, 그래도 상관없다. 20세기로 넘어갈

무렵, 늙은 어부와 아내는 가욋돈을 얻을 요량으로 하숙을 치기로 했다. 두 사람 모두 영도라는 어촌에서 나고 자랐다.

AI 창작

어느 날 두 사람이 하숙을 치고 있던 집의 주인이 급사했다. 얼마 뒤 부둣가에 새로 생긴 가건물이 하숙집으로 등장했다. 어느 날 밤 그 가건물에 불이 났다.

아이유의 노래 <좋은 날>

입력한 문장

한 번도 못 했던 말

울면서 할 줄은 나 몰랐던 말

나는요 오빠가 좋은 걸 어떡해

AI 창작

나는 오빠가 좋은 걸 어떡해

나는 오빠가 좋은 걸 어떡해

나는 오빠가 좋은 걸 어떡해

나태주 시인의 「풀꽃」

입력한 문장

자세히 보아야 예쁘다

오래 보아야 사랑스럽다

너도 그렇다.

> **AI 창작**
> 나는 너를 사랑한다
> 나는 너를 좋아한다
> 나는 너를 믿는다

 기사의 내용을 종합하면 이렇습니다. 이 실험에 사용한 AI는 코지피티KoGPT인데 산문 문장은 비교적 진전이 있어 합격점이지만 운문 문장은 불합격이라는 것입니다.

 실제로 산문 문장과 운문 문장은 그 기본과 결이 판이하게 다릅니다. 산문 문장은 서사로서 있었던 일을 회상하거나 기록하는(또는 상상하여 표현하는) 문장입니다. 글의 재료가 경험이거나 삶이고 사실이고 사건입니다. 굳이 따지자면 지적인 영역으로 지식이거나 지성이 산문의 글감이란 뜻입니다.

 그러므로 AI가 충분히 자료만 확보하고 학습하면 제시한 문장의 다음 단계 문장을 생산해낼 수 있을 것으로 보입니다. 그러기에 실험 결과, AI는 김훈 소설가의 남성적인 문체까지 흉내 냈다고 밝히고 있습니다.

 그러나 운문 문장, 시는 보는 바와 같이 전혀 진전이 없고 반복 수준, 제자리걸음만 되풀이하는 실정입니다. 그것은 시의 속성상 어쩔 수 없는 결과입니다. 시는 서정으로서 글의 소재가 사실이나 지식이 아니고 감정입니다. 감정은 인간만이 가진 정신적 특성이며 변화무쌍한 것입니다. 감정은 인간의 오감으로 감지가 가능한 구체적인 그 무엇도 아닙니다.

그러기에 인공지능으로서는 불가능한 영역으로 보입니다. 산문과 시는 문장의 질서 자체가 다릅니다. 산문이 사건의 질서라면 시는 감정의 질서입니다. 산문의 글쓰기가 작정하고 쓰기라면 시의 글쓰기는 작정 없는 글쓰기입니다.

나의 시 「풀꽃」의 경우 실험 자체가 문제가 있어 보입니다. 입력한 산문 문장은 결말이 나 있지 않고 진행되는 문장이지만 나의 시 「풀꽃」은 그 자체로서 결말이 난 문장입니다. 이런 문장을 넣었으니 AI가 의미 없이 중얼거리는 문장만 내놓은 것입니다. 제대로 넣었더라면 첫째 문장과 둘째 문장만 넣고 다음 문장을 어떻게 쓰나 살폈어야 했습니다.

나의 시 「풀꽃」을 예로 시의 특성을 설명해보면 이렇습니다. 「풀꽃」 시는 세 개의 문장으로 된 단출한 글입니다. 글자 수도 24자밖에 되지 않습니다. 하지만 그 안에 나름대로 짜임이 있고 문장마다 특성이 있습니다. 우선 '자세히 보아야 예쁘다'와 '오래 보아야 사랑스럽다'는 객관을 말하는 문장이고 반복·

병치로 구성된 문장입니다. 그러므로 독자의 마음을 시 내부로 편안하게 영접해 들이는 역할을 합니다. 그런 다음 세 번째 문장 '너도 그렇다'는 결론 부분이며 반전과 변용으로 구성되어 있습니다.

시의 제목이 「풀꽃」이므로 앞의 두 문장의 '예쁘다', '사랑스럽다'의 대상은 풀꽃입니다. 그러나 세 번째 문장 '너도 그렇다'에서의 '너'는 풀꽃의 범주를 벗어나 글을 읽는 독자로 바뀌어 모든 사람, 인류 전체로 확대 재생산됩니다. 이것을 나는 변용, 반전이라고 말합니다. 변용과 반전의 문장은 느닷없이 나타나는 낯설지만 아는 얼굴과 같은 문장입니다.

AI로서는 반복 병치 정도는 가능할지 몰라도 변용, 반전까지는 불가능할 것으로 보입니다. 그것은 시의 표현에서 진행되는 감정의 흐름, 전이 과정을 살펴도 그렇습니다. 하나의 생각이나 느낌이 있다고 합시다. 이 생각이나 느낌이 어떻게 몸을 바꾸어 시가 되는가 보면 비약의 단계까지 가야만 시가 됩니다.

① 재생(회상) → ② 연상 → ③ 유추 → ④ 비약

AI에게 시를 써달라고 주문하면 위의 단계에서 '① 재생(회상) → ② 연상 → ③ 유추'까지는 가능하리라고 봅니다. 하지만 '④ 비약'의 단계까지는 가능하지 않을 것입니다. 그렇다면 진정한 시 쓰기는 실패입니다. 비로소 비약의 단계에서 상상이 나오고 이미지가 나오고 반전, 변용이 가능하기 때문입니다. AI를 활용해서 시를 쓴다고 할 때 현재로 가능한 수준은 패러디나 특정 시인의 시를 입력, 학습시킨 뒤 그 시인의 시 스타일로 어떤 제목의 글을 써달라는 주문 정도는 가능할 것으로 보입니다.

  실제로 지난 2023년, 우리나라 시인과 일본의 소설가가 AI를 활용한 글을 써서 문학상을 받은 사례가 있습니다. 한국의 시인으로는 민음사에서 시집을 낸 박참새 시인이 그 주인공인데 시인은 『정신머리』란 시집으로 제42회 김수영 문학상을 받았고, 일본의 소설가로는 『도쿄 동정탑』이란 소설로 제170회 아쿠타가와상을 받은 구단리에란 여성작가인데 이 작품은 5%의 문장을 생성형 AI가 만든 문장을 그대로 사용했다고 밝히고 있습니다.

  나는 지지난해(2023년) 11월 카이스트 초청으로 보직교수들을 상대로 하여 문학 강연을 한 적이 있습니다. 그 강연에서 나는 이제 챗GPT까지 출현했으니 우리 인류가 할 수 있는 모든 지적 활동은 정점에 이르렀다고 말했습니다. 그러기에 이제 우리에게 남은 과업은 융복합만이 출구가 아닌가, 개인적 소견을 밝힌 바 있습니다. 그러면서 나는 그림 시집을 물론이거니와 향기 시집, 만화 시집을 한국에서 처음 냈다고 밝혔습니다.

정말로 나는 이제 AI 앞에 남겨진 인간의 지식 영역은 거의 없다고 봅니다. 다만 남은 것이 있다면 정서의 문제입니다. 아무리 AI가 유능해도 정서 영역까지는 도달하지 못할 것이기 때문입니다. 그러므로 AI시대에도 인간의 정서가 남아 있는 한 시는 죽지 않고 살아남을 수 있다고 봅니다.

그렇다 하더라도 사람들이 AI를 활용해서 시 비슷한 글을 양산해 낸다면 큰 문제가 되고 혼란 상태가 올 것입니다. 시인의 독창성이나 저작권 문제가 우선 문제가 될 것이고 독자들이 시인의 시를 의심할 것이기 때문입니다. 하지만 AI와 협업하여 새롭게 이루어낼 예술이나 문화의 영역은 무궁할 것으로 봅니다. 이제부터 그것을 함께 학습하고 연구하고 나누는 것이 우리의 몫이 아닌가 싶습니다.

요즘 내가 읽고 있는 책 가운데 재독 한국인 철학자 한병철 씨가 쓴 《불안사회》(2024년, 다산북스刊)라는 책이 있습니다. 그 책을 보면 129페이지에 이런 문장이 나옵니다.

'인공지능에게 에로스는 없다. 인공지능에게는 타자에 대한 욕망이 없기 때문이다.'

나는 이 문장을 읽는 순간 시인으로서 구원받은 것 같은 마음이 들었습니다. AI시대에도 시가 왜 필요한 것이어야 하고 시가 어떻게 해야 살아남을 수 있는가, 라는 것을 암시해주는 문장이었기 때문입니다. 그 문장이야말로 나에게는 일언이폐지 —言以蔽之 사무사 思無邪의 문장이었습니다.

함께 읽는 시

시

마당을 쓸었습니다
지구 한 모퉁이가 깨끗해졌습니다

꽃 한 송이 피었습니다
지구 한 모퉁이가 아름다워졌습니다

마음속에 시 하나 싹텄습니다
지구 한 모퉁이가 밝아졌습니다

나는 그대를 사랑합니다
지구 한 모퉁이가 더욱 깨끗해지고
아름다워졌습니다.

제2부

시를 위한 생각들

시는 어떤 글인가

생존, 발견, 영성

가끔 시는 어떤 글인가 생각할 때가 있다. 다른 사람에게보다 나에게 시가 어떤 글이었나? 책을 덮고서 문득 생각할 때가 있다. 이미 나는 어떤 글에선가 '산문은 백 사람에게 한 번씩 읽히는 문장이지만 시는 한 사람에게 백 번씩 읽히는 문장이다.'라는 말을 적은 일이 있다. 여기에 이어서 생각해본다. 도대체 시가 어떤 글이기에 이토록 나는 오랫동안 시에 매달리며 살아가는가?

지난 나의 삶 속에서 시가 없었다면 나는 지금 어찌 되었을까? 어떤 사람으로 살고 있을까? 더러 시를 쓰면서 돈이나 명예나 사회적 참여와 같은 현실적 효용을 목적으로 생각하는 사람이 있을 수 있겠다. 이것은 타인을 의식한 타인과 더불어 생각하는 시이다.

그러나 나의 경우는 지극히 개인적인 필요에 따라 시를 찾았고 지금도 그러한 시와 더불어 살고 있다. 처음부터 나는 나 자신을 위해서 시를 썼다. 쓰지 않으면 안 될 것 같아서 숨이 막힐 것 같아서 시를 썼다. 말하자면 살아남기 위한 방책으로 시를 선택한 것이다. 그래서 나는 지금 말한다. 시는 나에게 있어 삶 그 자체이고 생존 그 자체라고.

다음으로 생각할 수 있는 것은 시에서의 발견의 문제이다. 시는 발견인가? 아니면 발명인가? 발명은 세상에 없는 것을 처음 만들어 내는 것이고 발견은 이미 있는 것을 처음 찾아내는 것임을 우리는 안다. 시가 시인에 의해 완전히 창작되는 것이라면 발명 쪽이 맞는 말이다. 그러나 여기서도 나의 생각은 조금 유보된다.

일찍이 이 세상 모든 것 가운데 완전히 새로운 것은 없다. 이미 있던 것들을 배우고 조금씩 익혀 내 것으로 만들고 나의 특성으로 삼는 것이다. 신을 염두에 둘 때 그것은 더욱더 그렇다. 과연 인간이 신 앞에서 스스로 완전하게 할 수 있는 것이 무엇이던가. 지금껏 시를 쓰면서 생각해 볼 때 나의 시는 어디까지

나 발견 수준이었다. 아예 가장 좋다는 작품들이 그랬다.

신은 이미 오래전부터 아름다운 것들을 이 세상 은밀한 곳에 꽁꽁 숨겨 놓고 인간들이 찾아내기를 바라신다. 그것들을 하나하나 찾아 인간의 것으로 해 온 것이 인류의 역사였고 문명이었다. 이것은 시에 있어서도 마찬가지. 시인은 이미 존재하는 것들 가운데 아름다운 것, 감동적인 것들을 찾아내어 언어로 옷을 입혀 표현하는 사람이다. 그래서 나는 또 말한다. 시는 나에게 있어 보물찾기요 신과의 숨기 장난이고 또 발견이라고.

최근 시를 두고 가장 많이 생각하는 것은 시에 있어서의 영성의 문제이다. 인간에게는 육신이 있고 마음이 있다. 육신도 육신이지만 마음을 주로 드러내는 것이 시의 양식이다. 그래서 시를 감성의 글이라 말하고 이성이나 사실의 글과 구분 짓기도 한다. 일단은 감성의 글이 맞다. 그런데 여기에 더하여 생각해 볼 것은 영성이요 영혼의 문제이다.

인간에게 영혼이 있다는 가장 좋은 증거는 언어이다. 인간에게 언어가 있다는 것은 아무리 생각해보아도 인간에게 영혼이 있기 때문이다. 영혼의 증거가 언어요 영혼의 실상이 또 언어란 이야기다. 이러한 언어로 표현하는 가장 정제된 예술 양식이 또한 시이다. 그야말로 시는 언어로 만들어진 영혼의 보석 같은 것이다. 그러기에 시공간을 넘어 감동의 물결을 이어가는 것이다.

참으로 시는 영혼의 황금덩이 같은 것이다. 주시는 대로 그 황금덩이를 겸허한 손으로 받들어야 한다. 영혼 그 자체요 황금덩이이기 때문에 상처 내지 말아야 하고 지나치게 분석하지 말아야 한다. 요즘 시인들은 지나치게 신경질적이고 선병질적인 것이 문제이다. 시가 감성과 이성도 아니고 그 모든 것들을 넘어서는 그 무엇, 영혼 그 자체의 소식이라는 것을 모르는 것도 문제다.

요즘 시들을 보면 영혼의 황금덩이를 지나치게 얇게 펼치는 데에 문제가 있다. 마치 그것은 금박 공예 작품과 같아 지나치게 반짝이고 지나치게 아름답다. 이러한 경계를 앞세워 나는 또 말한다. 시는 영성에서 나오는 영혼의 표현이라고.

위기지학으로서의 시

위기지학爲己之學이란 말은 최근에야 알게 된 말이다. 이 말은 '자기 자신을 위한 공부'란 뜻이다. 맞서는 말은 위인지학爲人之學인데 '타인을 위한 학문' 또는 '남에게 보이기 위한 공부'란 뜻이다. 이 말들은 주로 성리학에서 사용되는 용어인데 두 말 모두 매우 중요한 개념이며 학문으로서나 현실로서 영향력이 있는 말이다. 다만 일반적으로 흔히 사용되지 않는 용어라는 점에서 낯설 뿐이다.

왜 내가 새삼스레 이런 말에 주목하게 되었을까? 실은 이것은 누구한테 배우거나 들어서 안 것이 아니고 교직에서 정년퇴임을 하고 나이를 먹으면서 생각이 시시콜콜하게 많아지다

보니 예각적으로 모아져서 얻게 된 생각이다. 나중에 아는 분과 이야기 나누다가 위기지학과 위인지학에 대한 개념을 알게 되었다.

한평생을 돌아볼 때 나도 누군가에게 보이기 위해서 공부했고 누군가와 경쟁하기 위해서 공부한 사람이다. 말하자면 살아가면서 세상에서 써먹기 위해 공부했다는 말이다. 좋은 성적을 받기 위해서, 상급학교에 진학하기 위해서, 취직하고 승진하기 위해서, 더 나아가 돈을 벌기 위해서 머리를 싸매고 공부하고 또 공부를 했던 것이다.

생각해보면 이것은 참 허무한 일이다. 그래서 남은 것이 무어란 말인가? 모든 삶의 지름길들이 공부로 연결되었고 거기서 뒤처지면 낙오자가 되었고 끝내 인생의 나락에 빠지는 일이었다. 문제는 부수적으로 생기는 경쟁심이요 스트레스요, 시기심, 불만, 울분, 절망 같은 마이너 감정들이다. 기껏 성취했다고 하지만 그것은 자만과 자아도취에 지나지 않는 서푼짜리 종이호랑이 가면 같은 자화상일 뿐이다.

이런 경쟁 과정에서 가려지는 것이 바로 본성이라고 한다. 인간은 본래 선한 마음, 측은지심을 지니고 태어났지만 이러한 경쟁 과정에서 좋은 마음들이 가려지고 나쁜 마음들만 가득한 인간으로 변하게 된다는 이야기다. 그래서 본래의 자기를 찾는 공부가 중요하다는 것이다. 그것이 바로 위기지학이요 성인의 길에 이르는 성학聖學이라는 것이다.

이런 거창한 담론은 조금쯤 밀쳐 두고 나 자신 생각해 볼 때 나는 그동안 너무나 남한테 보이기 위한 공부(위인지학)에만 치중했다는 생각을 하게 된다. 현실적으로 써먹기 위한 공부만 해왔다는 자괴감과 반성이 없지 않다. 그런데 여기서 잠깐! 내가 평생 써 온 시는 어떤가? 나는 시인으로서 철저히 시골 시인이었고 처음부터 개인 정서 중심의 시인이었다. 나 자신 좋아하는 여성에게 좋아하는 감정을 표현하기 위해서 시를 썼다고 고백하는 사람이니까 말이다.

그렇다. 여기에 나의 인생 출구가 열린다. 열아홉 살 이래 교직에 몸담아 동당거리며 숨 가쁘게 살아온 나이지만 그와 동시에 시를 써 온 일은 매우 잘한 일이란 생각이 든다. 그것도 집단 정서에 한번도 기웃대지 않고 개인 정서에 철저하면서 조금은 고리타분한 전통 서정시를 고집한 일은 더더욱 잘한 일로 여겨진다.

정년 퇴임 하면서 결심한 일이 있다. 이제 나는 절대로 남을 위해서 살지 않고 나 자신을 위해서 살겠다는 결심이 그것이다. 남을 위해서 먹기 싫은 술도 먹지 않겠고 가기 싫은 모임에도 가지 않을 것이며 만나기 싫은 사람은 단호히 만나지 않을 것이다. 이제부터는 나 좋은 대로만 살 것이다.

이 얼마나 좋은 일인가. 이제는 구름을 보고 싶으면 구름을 보고 바람을 만나고 싶으면 바람을 만나며 살리라. 또 음악을 듣고 싶으면 또 그렇게 할 일이다. 책을 읽더라도 이제부터는 써먹지 않기 위해서 읽을 것이다. 나 자신만을 위한 책 읽기. 누구의 눈치도 살피지 않는 공부. 좋은 책은 읽고서도 다시 읽을 것이고 읽기 싫은 책은 어떤 책도 읽지 않을 것이다. 아, 이 얼마나 좋은 결단인가! 기쁨으로 하는 책 읽기와 공부가 거기에 있었다.

글을 쓰더라도 책으로 내거나 잡지에 발표하거나 더군다나 평론가들한테 칭찬받기 위해서는 쓰지 않으리라. 독자들에게 인기를 얻기 위해서, 문학상을 받기 위해서는 더더욱 쓰지 말아야지. 실상 시라는 것은 자기 자신을 위한 표현 양식이다. 처음부터 그러했고 나중까지도 마땅히 그래야 했다. 그런데 나부터 그것을 잘못 알고 잘못 운용해 온 것이 실수다.

이제 나이 먹어서라도 알았으니 다행한 일이 아닌가. 나는 여기에 한 마디를 보태고자 한다. 시는 위기지학이고 본래의

나 자신을 찾아가는 머나먼 여행길이며 나 좋아서 쓰는 예쁘고도 사랑스런 문장일 뿐이다.

시는 상처의 꽃

　시를 쓰는 것을 우리는 창작한다고 말한다. 이때 창작의 창創자를 살피면 곳간(창고)을 뜻하는 창倉이란 글자와 칼刀을 말하는 선칼도방刂으로 구성되어 있음을 본다. 그러므로 창이란 글자는 '상처'를 의미하기도 한다. 이런 것으로 보아 창작한다는 것, 즉 시를 쓴다는 것은 칼로 상처를 내는 행위요, 시는 또 그 상처에서 피어나는 꽃이라고 볼 수 있겠다.

　이를 좀 더 우리들 인생이나 시작 과정에 빗대어 보면 다음과 같은 순서나 등식이 있음을 알게 된다. 칼 뒤에 외로움이 있고 그 뒤에 그리움이 있고 그 뒤에 실패가 있고 그 뒤에 사랑이 있고 또 무엇 무엇들이 있다. 시(꽃) ← 상처 ← 칼 ← 외로움 ←

그리움 ← 실패 ← 사랑 ← 열정 ← 소망(욕망).

그러나 사회적으로 잘 나가는 사람, 잘사는 사람, 뽐내는 사람에겐 이런 정서의 구조가 없다. 그러므로 유식한 척하는 시인들에게는 결코 좋은 시가 허락되지 않는다. 시를 쓰더라도 감동이 없는 시가 되는 것이다. 그런 점에서 우리는 자신의 상처에 감사해야 하고 실패에 대해서도 곱게 감수하는 마음이 있어야 한다. 이것이 바로 승화란 것이다.

그런데 요즘 우리들은 누구도 그렇게 하지 않는다. 요즘 우리들 세상은 헝그리의 시대를 넘어서 앵그리의 시대이다. 모든 사람들이 화가 나 있다. 텔레비전 어린이 프로를 보더라도 앵그리 버드란 것이 나와서 판을 친다. 새들도 화가 나 있는 것이다.

그렇게 화난 새들을 보면서 아이들이 자란다. 그러니까 사람들이 화가 나지 않을 수 없는 것이다. 앵그리 보이, 앵그리 맘, 앵그리 영맨, 앵그리 그레이. 국민 모두가 화가 충만해 있다. 대한민국은 오늘날 화가 충만한 나라가 되었다. 이거 큰일이지 싶다.

왜 우리가 이렇게 되었는가? 우리가 그동안 '보다 빠르게, 보다 높게, 보다 넓게, 보다 크게, 보다 많이'를 인생의 목표로 삼고 살았기 때문이다. 그 결과 우리는 어떻게 되었는가? 과연 그것이 행복을 보장해 주었는가? 아니다. 우리는 누구나 불행한 사람이 되었고 빈털터리가 되었고 누구나 외로웠고 누구나 상처받은 짐승이 되었다.

그래서 지금 우리는 전 국민이 고통받고 있고 신음하고 있는 것이다. 덫에 걸려 빠져나오지 못하고 있다. 열패감이 문제이다. 열패감이란 열등감과 패배감의 합성어다. 이것이 큰일이다. 이대로는 안 된다.

친분 있는 의사한테 물어보면 찾아오는 환자들이 하나같이 화가 나 있고 도움을 주려고 해도 곧이곧대로 듣지 않고 의심하고 자신이 나서서 이러니저러니 진단을 하고 처방을 하려고 한다고 한다. 그렇다면 왜 의사한테 오는가? 집에서 자기 혼자서 치료를 하지.

환자가 병원에 간다는 것은 의사의 도움을 받기 위해서 가는 것이다. 당연히 겸손해야 하고 부드러워야 하고 낮아져야 한다. 의사의 말을 신뢰해야 한다. 그래야 산다. 그래야 병이 낫는다. 그런데 그렇게 하지 않는 것은 사람들이 정서적으로 문제가 있어서 그렇다. 병이 들어서 그렇다. 몸이 아픈 것도 문제이지만 정신적으로, 정서적으로 아픈 것은 더 큰 문제이다.

어쩌면 몸이 아픈 것보다 마음이 아픈 것이 더 큰 문제다. 오늘날 우리는 정신적으로, 정서적으로 모두가 환자들이다. 그동안 우리가 잘못 살아온 결과이고 증거이다. 그 구체적인 사례가 세월호 사건이다. 이 사건은 우리들 정신의 IMF라고 할 만한 사건이다.

어찌해야 할 것인가? 치료가 필요하고 위로가 필요하고 휴식이 필요하고 돌아봄이 필요하다. 이쯤에서 과감하게 정지 신호를 보내고 그것을 실행에 옮겨야 한다. 자기 자신을 용서하고 자신에게 있는 것에 만족해야 한다. 그러기 위해서는 가난한 마음을 회복해야 한다.

가난한 마음이란 빈한한 마음이 절대로 아니다. 그것은 작은 것, 낡은 것, 오래된 것, 약한 것, 옛날 것, 값비싸지 않은 것, 흔한 것을 아끼고 사랑하는 마음이다. 그리고 주변에 있는 많은 이웃들을 사랑하는 마음이다. 일상의 발견이요 일상의 사랑이다. 다른 사람의 마음과 입장과 처지를 헤아려 주고 이해해 주고 또 같이하는 마음이다.

이것이 바로 공자님이 말씀하신 인仁이요 석가 님이 말씀하신 자비심慈悲心이요 예수께서 설파하신 긍휼히 여김이다. 이 시대는 종교조차 사악한 시대다. 종교인들도 상인이고 거짓

증언을 일삼고 자기 유익만을 챙긴다. 결코 우리들에게 유익이 되지 않고 위로가 되지 않는다.

그다음으로 우리에겐 만족할 줄 아는 마음이 중요하다. 노자 『도덕경』에서 보면 지족지지知足知止(만족할 줄을 알면 욕되지 않고 그칠 줄을 알면 위태롭지 않으니, 한없이 장구할 수 있다知足不辱 知止不殆 可以長久. 『노자』 제44장)란 말이 나온다. 지족이란 자기에게 있는 것에 만족하는 것이요, 지지는 멈출 때에 멈추는 것을 말한다.

간단한 문장이지만 이것은 참 어려운 일이다. 이걸 제대로 못 해서 사람들은 더욱 크게 실패한다. 높은 사람, 잘 나가는 사람, 학식 있는 사람, 많이 가진 사람들이 망신당하고 한꺼번에 무너진다. 이것만 제대로 실천할 수 있어도 성공한 인생이 된다.

서울 지하철을 타다 보면 '워치 유어 스텝Watch your step'이라는 글자가 자주 나타나는데 우리야말로 지금 자기 발밑을 진정 살펴야 할 때이다. 나는 지금 어디에 와 있는가? 내가 딛고 있는 땅은 제대로 돼있는 것인가? 그것이 정직하고 아름답고 깨끗한 것인가? 안전하기라도 한 것인가?

어느 해 지방선거에서 진보 성향 교육감들을 선택한 것은 모두가 앵그리맘들이 회동해서 그렇게 한 것이었다. 이것이 무서운 것이다. 여기서 필요한 것은 한 줄이라도 좋으니 우리에게 위로를 주고 권유를 주고 휴식을 주고 축복을 주는 문장이다. 정말로 그럴 시가 필요하다.

오늘날 우리는 모두가 속 빈 깡통이다가 찌그러진 깡통이다가 이제는 밟힌 깡통같이 납작해진 사람들이다. 그것은 어른들만 그런 것이 아니고 아이들도 그렇다. 그러기에 학교폭력이란 것이 나오고 왕따라는 것도 나온다. 이걸 바로잡고 멈추게 해야 한다.

그러나 마땅한 방법이나 처방이 없다. 이것이 또 문제다. 우선 나 자신을 찾는 길밖에는 없다고 본다. 내가 정말로 괜찮은 사람이라는 생각을 해야 하고 쓸모 있는 사람이라는 생각을 해야 한다. 열패감에서 벗어나야 한다. 그러기 위해서는 타인을 보지 말고 자신을 봐야 한다.

내가 가진 것에 감사하고 내가 가진 것을 사랑하고 아끼고 소중히 여겨야 한다. 언제까지나 우리가 다른 사람이 가진 것만을 바라보며 부러워해야 할 것인가? 그렇게 해서 한 가지라도 우리의 문제가 해결될 수 있으며 또 그것이 우리에게 행복이나 만족을 준다고 여겨지는가? 아니다. 받는 것은 열패감이요 끝내는 불행감이다.

 이러한 마음의 고리를 끊어야 한다. 단박에 끊어야 한다. 나는 나다. 선언할 수 있어야 한다. 지금이라도 좋다. 이만큼이라도 감사하다. 나는 나다. 나의 것이 소중하다. 그러니 남의 것도 아껴 주고 인정해 주자. 그런 대전환이 필요하다.

 타인이 있어야 나도 있는 것이다. 내가 소중하니까 타인도 소중한 것이다. 그렇다면 나와 너는 둘이 아니고 하나이다. 이것을 또 알아야 한다. 내가 건강한 것은 너도 건강한 증거다. 내가 병들고 아프면 우주가 병들고 아픈 것이나 마찬가지다. 나는 아주 적은 나이지만 우주이기도 하다.

 사랑도 필요이다. 필요해서 사랑하는 것이다. 유용해서 사랑하는 것이다. 필요하지도 않고 유용하지도 않으면 사랑하지 않는다. 부모와 자식의 사랑, 친구 간의 사랑, 남녀 간의 사랑도 마찬가지다. 내가 너에게 필요하고 네가 나에게 필요하니까 사랑하는 것이다. 그러므로 우리는 상호 간 필요한 사람, 유용한 사람이 되도록 노력해야 한다.

 우리 자신이 진정 필요한 존재이고 유용한 사람들임을 깨달아야 한다. 내가 우리 부모에게 얼마나 필요한 사람이고 유용한 사람인가? 그것을 생각하고 그것을 깨달을 때 우리는 문득 눈물이 나기도 할 것이다. 내가 죽었다고 생각할 때 우리 부모는 얼마나 슬퍼하고 애통할 것인가? 그걸 생각하면 나의 삶의 하루하루가 더욱 소중해지고 경건해질 것이다.

여기에는 자기만족이 선행되어야 한다. 달라이 라마 같은 분은 이렇게 말했다.

"탐욕의 반대는 무욕이 아니라 만족이다."

얼마나 감사하고 좋은 말씀이신가! 이것은 종교를 넘어서 우리 인생에서의 구원의 말씀이다. 나 자신 이 말씀을 듣고 노년의 욕망과 어리석은 사랑에서 구원을 받았던 적이 있다.

이쯤에서 요구되는 것이 우리들의 시이다. 오늘날 시의 시대가 끝났다고 말하지만 그것은 결코 그런 것이 아니다. 시인들이 감동 없는 시를 써내서 그렇지 시의 시대는 결코 끝나지 않았다. 시인들이 자기들만 아는 시를 쓰고 자기들만의 언어 잔치를 벌이기 때문이다. 독자들에게 유용하지 않고 필요하지 않은 시를 쓰기 때문이다.

우리가 왜 『논어』를 읽고 『성경』을 읽고 『노자』를 읽고 달라이 라마의 『행복론』을 읽고 소로의 『월든』을 읽는가? 유익하기 때문에 읽는 것이고 필요해서 읽는 것이고 위로가 있기 때문이고 인생의 지침이 되기 때문이고 우리에게 길을 보여주기 때문에 읽는 것이다.

대답은 오히려 간단하다. 시인들이 독자들에게 필요한 시, 유용한 시를 쓰면 된다. 자기들만 좋아서 지껄이는 시를 쓰지 말고 다른 사람들에게도 알아들을 수 있는 시를 써야 하고 그들에게 감동이 되는 시를 써야 한다. 우리 시사에서 이상李箱이란 시인은 이상 한 사람으로 족하다. 오늘날도 많은 사람들은 시를 원하고 있다. 어떤 시를 원하고 있는가? 분석해야 알고 해설을 붙여야 이해가 가는 시를 원하는가?

아니다. 직구直球를 날리듯 다이렉트로 들어오는 시를 원하고 있다. 생활 가까이 우리들의 이야기를 쓴 시를 원하고 있다. 우리들의 한숨, 오늘의 문제, 오늘의 고달픔, 슬픔, 원망, 소망, 안타까움, 그런 것들을 담은 솔직하고 친근하고 따뜻하고 부드럽고 거만하지 않은 시를 원하고 있다. 정말로 그것은 분명하다.

그러기에 시인들은 지나치게 특수 쪽으로 나가면 안 된다. 자신을 특별한 사람, 선택 받은 인간이라고 여겨서도 안 된다. 그것은 시인의 불행이고 독자의 불행이다. 시인도 보통 생활인과 똑같은 사람으로서 인생의 동행인이 되어야 하고 감정의 이웃이 되어야 한다. 시인 자신이 까다로운 사람, 지체 높은 사람, 특별한 사람이 되지 않으려고 노력해야 한다. 그래야 독자들과 감정이입이 일어나고 또 감동 있는 시를 쓸 수가 있다.

시인들에게 권한다. 높이 올라가지 말고 내려오라. 산속으로 들어가려 하지 말고 시정 속으로 내려와라. 자신이 대단하거나 특별한 사람이라고 착각하지 말자. 당신은 어떤 면에서는 수준 이하의 사람일 수도 있다. 그것을 알아야 한다. 그런 다음에 다시금 당신의 시를 출발시키자. 당신은 결코 감정의 귀족이 아니다.

만약 그렇게 생각한다면 거기서부터 벌써 실패다. 당신은 망한 나라의 군주다. 고대 인도의 카비르Kabir 같은 사람은 일생을 시장바닥에서 물을 긷고 베 짜는 사람으로 살면서 훌륭한 해탈을 이루었고 너무나도 아름다운 깨달음의 시를 남겼다. 나중에 시성 타고르의 멘토가 되기도 했다.

여기서 다시금 창작創作의 창創자에 대한 생각을 해보게 된다. 시는 상처의 꽃이다. 인생살이를 하다가 받는 온갖 상처의 꽃이다. 그 꽃 뒤에는 칼이 있고 그 뒤에는 외로움이 있고 그 뒤에는 그리움이 있고 다시 그 뒤에는 실패가 있고 그 뒤에는 사랑이 있고 사랑 뒤에는 열정이 있고 다시금 그 뒤에는 어리석은 우리네 인간의 욕망 내지는 소망이 있다.

아, 이를 다시금 어찌할 것인가? 그러기에 우리는 다시금 인간이고 다시금 위로와 축복과 치유가 필요한 안쓰러운 인간들이다. 독자와 소통하는 시, 감동이 있는 시를 쓰기 원하는 사람들이여! 외로움 없이, 그리움 없이, 실패 없이, 사랑 없이 시를 쓰려고 하지 말라. 시는 진정 상처의 꽃이다. 이걸 꿈에서도 잊지 말자.

움직이며 쓰는 시

 시는 삶의 반영이다. 더 나아가 시대의 반영이기도 하다. 어떤 시작품도 시인의 삶이나 시대적 경험을 뛰어넘지 못한다. 그런 점에서는 시는 시대의 증언이며 개인적으로 하나의 자서전이라고 할 수 있겠다. 상상력이라 해도 그것은 충분히 경험에 바탕을 둔 것이어야만 한다.

 전통적으로 우리의 서정시는 정태적이면서 자성적인 요소를 강조해 왔다. 그것은 오랫동안 우리의 삶이 그러했고 시대상이 그러해서 그랬을 것이다. 특히 우리 민족은 일관되게 농경민으로 살아왔으며 유교를 신봉하면서 살아서 그러할 것이다.

그것은 나의 시를 두고서도 마찬가지다. 지금까지 나의 시는 매우 정태적이고 고요하며 반성적인 세계를 다루어 왔다. 시를 쓰더라도 방안에서 조용히 앉아서 쓰는 시였다. 비록 능동적인 삶을 반영하더라도 삶의 행위가 멈춘 뒤에 반추하면서 쓰는 수준이었다.

돌이켜 보면 그것은 중국의 당시 이후 모든 서정시의 운명과도 같은 것이었다. 서정시의 모범 자체가 언어로 그린 그림이었고 정지된 상태를 표현하는 것이었다. 우리나라 시문학사에서 명작이라고 꼽히는 시들을 보더라도 대부분의 시들이 동작이 그치고 삶이 멈추어진 상태에서 나온 것들이다.

하지만 이제는 인간의 삶의 패턴이 달라졌다. 한 자리에 고착되어 사는 삶이 아니고 움직이며 사는 삶이다. 나아가 떠돌면서 사는 삶이다. 비록 농경에 종사하는 사람일지라도 예전처럼 한사코 고요하게 멈추어서 살 수만은 없는 세상이 되었다.

여기에서 시인들의 시에 대한 접근도 달라져야 한다고 본다. 정태적인 시에서 동태적인 시로 나아가야 한다. 어쩌면 이것은 당연한 귀결인지 모른다. 그러니까 한 자리에 고요히 앉아서 시를 쓰는 것이 아니라 움직이면서 시를 쓰자는 말이다.

아닌 게 아니라 요즘 나는 움직이면서 시를 쓴다. 자전거를 타고 가거나 길을 걸어가다가 잠시 멈춰서 시를 쓴다. 급하면 핸드폰에 시의 문장을 써넣기도 한다. 누군가가 생각나면 그 사람에게 시를 써서 보내기도 한다. 일테면 시로 쓰는 문자 메시지인 셈이다.

더러는 자동차나 기차를 타고 가다가도 쓴다. 이 또한 움직이면서 쓰는 시이다. 그러므로 시가 조금씀은 허술하고 완성도가 떨어질 수도 있겠다. 하지만 나의 독자들은 그러한 시들을 즐겨 선택해준다. 오히려 그 허술한 시의 행간으로 독자들이 들어오기도 한다. 자발적인 참여다.

어쨌든 움직이면서 쓰는 시. 동태적인 시. 시인이 야외에서 움직이면서 시를 쓰면 고요히 방안에 앉아서 시를 쓸 때보다 좋은 점이 많이 생긴다. 우선은 시의 문장에 활력이 붙는다. 내용 또한 싱싱함이 생긴다. 이 또한 당연한 귀결인지 모른다.

일단 시인이 움직이면서 시를 쓴다고 해보자. 길을 걷든지 자전거를 타고 가든지 또 자동차를 타고 가든지 그러할 때를 상정해보자. 자연스럽게 바깥세상이 시인의 내부로 다가올 것이다. 자연과 인간과 세상 자체가 들어올 것이다.

온갖 모습이 보인다. 온갖 소리가 들린다. 이러한 외부적 자극과 정보들은 시인에게 대화를 청할 것이다. 상호작용이다. 고요한 시인의 내면에 파문이 인다. 시인의 내면과 세상과의 교호작용이 일어난다. 그것은 매우 새롭고도 활기찬 것이 된다.

거기서 일단의 언어적 반응이 생긴다. 시인은 자연스럽게 그것들을 받들어서 구체적인 시의 형태로 고정시킨다. 더 좋은 방법은 입으로 중얼거리면서 시의 꼴을 형성해보는 방법이다. 자연스럽게 구어 중심의 부드럽고 순한 시가 쓰여질 것이다.

이렇게 시를 쓰면 시의 언어들이 지극히 자연스러워진다. 언어와 언어 사이에 충분한 공간이 열리고 더불어 상생력이 생긴다. 사물 그 자체의 움직임이 느껴진다. 숨소리가 들린다. 더욱 생동감 있는 시가 허락될 것이다. 그렇게 되면 시의 품이 더욱 넓어지게 된다.

    나는 깐 보이는 사람
    아이들한테까지
    깐 보이는 사람

교회식당에서
　　국수 먹고 나오는데
　　앞니 빠진 일곱 살짜리
　　남자아이가 말을 건다
　　할아버지, 국수 맛있었어?
　　그래 나도 국수 맛있었단다

　　오늘 나는 아이들한테까지
　　깐 보이는 사람으로 살아서
　　행복하다.

　　　　　　　　　　　－「교회식당」전문

　위의 시 역시 움직이면서 쓴 작품이다. 좀 더 구체적으로 밝히면 교회에서 예배를 마치고 식당에서 국수를 먹고 나오면서 쓴 시이다. 내가 하도 허술하게 보였던지 초등학교 저학년쯤으로 보이는 아이가 나에게 말을 걸어왔던 것인데 그것을 그대로 시로 바꾸어 써 본 것이다.

　그냥 그대로 살아있음의 감사와 행복감을 시로 적은 작품이다. 어찌 이런 작품에 가식이 끼어들 수 있겠으며 요란하고 멋들어진 시적인 수사가 무슨 필요가 있겠는가. 다만 살아 있는 두 생명의 즐거운 교호작용이 있을 뿐이다. 앞으로도 나는 당분간 이러한 시 쓰기의 방법을 지속해볼 생각이다.

세상에 보내는 러브레터

나는 고등학교 1학년 때 사춘기를 맞았다. 그때 한 여학생을 알게 되어 그 여학생에게 마음을 빼앗긴 일이 있다. 그 여학생만을 바라보면서 3년을 보냈다. 지금 와서 생각해보면 참으로 한심한 아이라 할 것이다. 한번인가는 그 여학생에게 연애편지를 써서 보낸 적이 있다. 고등학교 1학년 때 여름방학 때의 일이었다.

어떻게 여학생의 집 주소를 알았을까? 분명 선생님이 가지고 있는 어떤 장부를 훔쳐보고서 주소를 알아냈을 것이다. 편지를 보낸 뒤 답장이 오긴 왔는데 그 여학생한테서 온 답장이 아니라 여학생의 아버지로부터 온 답장이었다. 방학이 되어

공주에서 서천 집으로 돌아가 염소에게 풀을 뜯기고 있던 늦은 오후, 지나가던 우체부 아저씨가 나에게 편지를 주었던 것이다.

굵은 만년필 촉으로 큼직하게 쓴 글씨였다. 학생이 공부는 열심히 하지 않고 이런 편지를 쓰면 어떻게 하느냐는 나무람과 타이름의 말이 우선 있었고, 한번 서천 읍내로 나오면 당신께서 만나주겠노라는 내용이 들어 있었다. 두려웠다. 이런 편지를 받았다고 그러면 아버지한테도 혼이 날 것이 뻔했기에 아버지도 무서웠다. 나는 그만 그 편지를 찢어서 수풀 속에 버리고 말았다.

그런 뒤로는 편지 쓰는 길도 막혀버렸다. 어쩌나? 마음속에는 그 여학생에 대한 생각이 끊임없이 솟아오르는데 편지 쓰는 길조차 막혔으니 어쩌나? 그때 생각해낸 것이 시 쓰는 일이었다. 살기 위해서 썼다. 숨을 쉬기 위해서 썼다. 그렇다. 나에게 시 쓰는 일은 살아남는 방법이기도 했다. 그렇게 시작한 시 쓰기. 그 시 쓰기가 평생을 이어왔다.

처음 시를 쓰기 시작할 때나 지금이나 나의 시 쓰기는 연애편지 쓰기에 다름 아니다. 다만 대상이 많이 바뀌었을 뿐이다. 한 여성에서 세상으로. 세상 만물과 세상 모든 사람에게로. 이제 와서 나는 말한다. 나의 시 쓰기는 세상을 위한 러브레터 쓰기요 나의 시는 세상에게 보내는 러브레터라고.

러브레터는 어떤 마음을 쓰나? 울렁이는 마음, 좋은 마음, 그리운 마음, 사랑하는 마음을 쓴다. 또 러브레터는 어떻게 쓰나? 최대한 아름다운 말, 부드럽고 사랑스런 말을 고르고 골라서 정성껏 예쁘고 바른 글씨로 쓴다. 그래서 상대방의 마음을 얻으려고 노력한다. 시도 마찬가지다.

여기서 무엇을 시로 써야 하며, 어떻게 시를 써야 하는가에 대한 해답이 나온다. 내용과 표현에 대한 문제다. 러브레터를 쓰게 하는 마음이 시의 내용이고 러브레터 쓰는 방법이 바로 시 쓰는 방법, 표현이다. 하지만 나의 러브레터는 쉽게 대상인 세상에 전달이 되지 않았다.

무릇 러브레터란 그런 것이다. 주인을 찾아가지 못하고, 주인을 찾아가더라도 답장이 오기 어려운 것이 러브레터다. 세상 속으로 보내진 나의 러브레터가 주인을 찾아가고 또 답장이 오기 시작한 것은 나의 나이 70대 이후의 일. 많이 늦었지만 반가운 일이고 고마운 일이었다. 독자들의 호응이 있고 책이 팔린다는 얘기다.

러브레터와 같이 시란 것도 상호작용이 중요하고 호혜관계가 중요하다. 소통이 있어야 한다. 일방통행은 곤란하다. 시를 생산하는 사람은 시인이지만 시를 기르고 성공시키는 사람은 독자들이다. 더 나아가 미래의 독자들 마음밭이 바로 시가 가서 마땅히 자라고 꽃을 피울 낙토인 것이다. 세상을 향한 나의 러브레터 쓰기. 그것은 나의 목숨이 붙어 있는 한은 계속될 것이다.

시마

'시마詩魔'란 말이 있다. 사전적 해석은 이렇다. '시마詩魔: ① 시詩를 짓고자 하는 생각을 일으키는 일종의 마력魔力. ②시가 마도魔道에 떨어져서 시상詩想이 야비野鄙하고 바르지 못한 것.' 그러나 시를 쓰는 사람들에게 물어보면 이러한 설명은 둘 다 많이 부족하고 또 부적절한 대답이다.

 체험적으로 말해보라면 '시마'란 시를 쓸 때, 시 쓰기에 마력馬力이 붙어 계속해서 쉴 새 없이 시가 써지는 상태를 말한다. 마치 무엇엔가 사로잡힌 듯하고 자의가 아닌 타의에 의해서 시가 쓰여지는 경우가 그것이다. 그것은 매우 신비한 체험이고 시 쓰는 사람에겐 필요한 과정이기도 하다.

시마. 한번도 이런 경험 없이 시를 써왔다면 그는 지나치게 조작적인 시작품만을 썼거나 영감의 세계를 경험해보지 못한 사람이라고 말할 수밖에 없는 노릇이다. 쓰지 않겠다고 손을 씻고 먼 산을 바라보고 있을 때 간헐적으로 찾아와 자기를 써달라고 통사정을 하는 시. 그는 참 성가신 존재다. 그것이 바로 시마의 정체다.

곡비

예전, 그러니까 조선조 때, 국상이 나거나 대신의 장례 행사 때 사람이 우는 소리, 즉 곡소리가 끊이지 않게 하려고 상주 대신 울어주는 사람을 기용했는데 이런 사람을 일러 곡비哭婢라 불렀다고 한다. '곡하는 아랫사람'이란 뜻이다.

대신 울어주는 사람. 뒤집어보면 시인도 대신 울어주는 사람이다. 누구 대신 울어주는 사람인가? 독자 대신 울어주는 사람이고 세상 사람들을 대신해서 울어주는 사람이다. 그러므로 시인에게 가장 중요한 마음의 능력은 감정이입 능력이다.

감정이입은 이심전심의 마음이며 측은지심의 마음이며 자

비심의 마음이며 긍휼의 마음이며 어진 마음이다. 말하자면 성인의 마음이 모두 한자리에 모인 마음이다. 이런 마음 바탕 없이는 절대로 좋은 시를 쓰지 못한다. 쓰더라도 독자의 마음에 가 닿지 못한다.

공감. 함께 아파하고 함께 느끼는 마음. 감정이입. 엠퍼시 empathy, 상대방의 관점에서 세상을 보고 타인의 마음을 느끼는 능력. 용어는 다르지만 같은 내용이다. 이런 마음이야말로 시인의 마음이고 시를 쓰게 하는 원동력이며 애당초 시를 세상에 존재하게 하는 마음 바탕인 것이다.

세 가지 갈증

 인간에겐 몇 가지 갈증이 있다고 본다. 육신의 갈증과 마음의 갈증과 영혼의 갈증이 그것이다. 가장 급하고 중요한 것은 육신의 갈증이겠다. 물을 마시고 싶은 본능적이고 기본적인 갈증이다. 하지만 이 갈증은 쉽게 해결이 가능한 갈증이다.

 이에 비해 마음의 갈증은 좀 복잡하다. 물을 마시면 해결되는 그런 갈증이 아니기 때문이다. 그래서 사람들은 마음의 갈증을 해소하기 위해 여러 가지 노력을 한다. 문화적 갈증이라고도 보겠는데, 주로 예술적인 방법이나 문화적인 참여를 동원한다.

 나만 해도 청소년 시절부터 시를 읽으면서 마음의 갈증을 해소해 왔다. 누군가 내가 느끼거나 생각했을 법한 마음을 시로 표현해 놓았을 때 그 시에 몰입하게 되는 것이다. 대략, 김소월, 윤동주, 박목월과 같은 시인들의 작품이 나에게는 그러했다.

묘하게도 우리나라 사람들은 한쪽으로 심하게 쏠리는 경향이 있다. 한두 사람이 좋다고 말을 하고 그것이 입소문이 나고 조금씩 퍼지다가 일정 수준에 오르면 아주 많은 사람들이 그 시인과 그 시인의 작품에 몰린다. 이것 또한 갈증 해소의 욕구 때문에 그런 것이 아닌가 싶다.

요즘 풀꽃문학관에 사람들이 찾아오고 나의 문학 강연을 청하고 또 나의 책을 사주고 그러는 일들 모두가 이런 정신의 갈증 탓이 아닌가 싶다. 그러므로 나는 충분히 겸손해질 필요가 있다. 나에게 그러는 것은 오로지 내가 좋기만 해서 그런 것이 아니라 그들의 필요와 요구에 의한 것이기 때문이다.

끝으로 영혼의 갈증은 종교적 갈증에 해당한다. 성경에서 예수님이 사마리아 지방을 방문했을 때 우물가에서 물을 긷는 여인을 만나 들려준 말씀이 바로 그것이다. '내가 주는 물을 마시는 자는 영원히 목마르지 아니하리니 내가 주는 물은 그 속

에서 영생하도록 솟아나는 샘물이 되리라.'

  내가 쓰는 시가 그런 영혼의 갈증까지 해결할 수 있을 것이라고까지는 감히 생각하지 못한다. 그러나 마음의 갈증을 해소할 수 있는 그런 단계의 시가 되기를 바란다. 누군가를 위로하고 누군가에게 축복을 주고 응원이 되어주는 그런 시가 되기를 소망한다. 그렇지 않고서는 나의 시는 설 땅이 마땅히 없는 것이다.

글씨와 시

 글씨를 잘 쓰고 싶으면 글씨를 잊어야 한다. 글씨를 잘 써야 겠다는 생각에서부터 벗어나야 한다. 글씨 그 자체로부터 벗어나고 필기도구와 종이로부터 해방되어야 한다. 그러할 때 진정한 글씨를 쓸 수 있다. 아니, 자기다운 글씨가 써진다.

 시를 잘 쓰고 싶은 사람도 마찬가지다. 시를 잘 쓰고 싶다는 생각에서 아예 멀리 떠나야 한다. 시를 잊어야 한다. 시로부터 해방되어야 하고 시상으로부터도 해방되어야 한다. 시론 같은 건 더없이 무용지물이다. 오히려 방해꾼이다. 시를 버리고 시집을 버리고 시 쓴다는 생각조차 버릴 때 문득 시가 태어난다. 알몸의 아기로 시가 온다.

시 받으러 갑니다

어제는 아침에 아내가 말했다. "오늘도 시 주우러 가나요?" "아니, 오늘은 시 받으러 갑니다." 집을 나서며 생각해보니 아내와의 대화가 재미있다는 생각이 들었다.

예전에는 나도 '시를 주우러 간다'고 말한 적이 있다. 그런데 그 대답이 '시는 받으러 간다'로 바뀐 것이다. 줍는 것과 받는 것은 어떻게 다를까? 미세하지만 그 둘은 다른 것이다.

줍는 것은 그냥 버려진 것을 집어 올리기만 하면 된다. 여기서 중요한 것은 버려진 것 가운데서 시를 알아차리는 눈이고 그것을 자기 것으로 하는 순발력이다.

그러나 받는 것은 누군가 주는 사람이 있어야 하고 그것을 받는 나의 손이 있어야 한다. 주는 사람이야 내가 모르는 존재라 하지만 받는 손은 나의 것이다. 우선은 겸손하고 부드러워야 할 것이다.

시를 쓰는 마음이 부드럽고 겸손해야 한다는 말이다. 더한다면 선해야 한다. 그래야 시를 주는 분이 마음 놓고 편하게 줄 것이다. 이 점을 나는 늘 잊지 말아야 했다.

시와 나와의 관계 성립을 잠시 생각해본다. 처음 시를 쓸 때는 시를 찾아가면서 썼다. 혹은 시를 캔다는 마음으로 시를 쓰기도 했다. 다분히 자의적이고 인간 중심적인 태도다. 이른바 '찾아가는 시'이다.

천천히 변화가 왔다. 내가 시를 찾아가기보다는 시가 나를 찾아오는 기회가 많아졌다. 여기서 중요한 것은 기다림의 자세이고 참을성이고 부드러운 마음이고 또 겸손한 자세다.

그래야만 시가 자주 찾아온다. 그래야만 시가 나를 비껴가지 않는다. 이런 것 하나 알기에도 나는 오랜 세월을 보내야만 했다. 역시 세상에는 공짜로 되는 일이 하나도 없다.

시인의 축복

 세상의 무릇 생명체에게는 축복이 있기 마련이다. 축복이 없으면 그가 생명이기 어렵다. 출생에서 성장, 결실을 거쳐 죽음에 이르기까지 축복이 있어야 한다. 축복이 필요하다.

 특히 인간은 축복 없이는 그가 제대로 인간일 수 없다. 애당초 한 사람 인간으로 태어나기 어렵다. 아니, 인간인 스스로가 벌써 지대한 축복의 증거다. 더구나 축복 없이는 시인이 되기 어렵다.

 나는 세상에 태어나고 자라고 살아오면서 세상의 엄청난 축복을 받았다. 아니다. 엄청난 용서를 받으면서 하루하루 인간으로 살아갈 수 있었다. 나는 얼마나 많은 과오와 악덕 위에 나였던가!

 그런 걸 주변 사람들, 가족과 친지, 이웃들이 눈감아주고 용서해주고 너그럽게 보아주어서 오늘날 내가 된 것이다. 그들의 도움 없이는 절대로 오늘의 내가 되어 살 수는 없는 일이다.

 사람인 것. 그 가운데도 한국 사람인 것. 한국 사람 가운데서도 한국말로 시를 쓰는 사람인 것. 그래서 한평생을 살아왔다는 것. 이제 나이가 들어 많이 해가 기운 사람인 것. 이 모두가 축복이고 감사이다.

 가끔 편운 조병화 선생을 생각해본다. 어려서는 그분의 시가 좋았고 이제는 그분의 인품이 더 좋다. 당신이 세상으로부터 받은 바 은혜를 세상에 돌려주고 가려고 애썼다는 점에서 그렇다.

 그 누구보다도 그분은 시인의 축복을 충분히 알고 충분히 실천하고 가신 분이다. 시인들은 이 점을 알아야 한다. 아니, 나부터 그것을 알고 실천하려고 애써야 한다. 소망하고 기도해야 한다.

 이 대목에서 김소월 선생, 윤동주 선생을 또 생각해본다. 그분들은 시인의 축복이 많았던 분들이다. 재능의 축복, 인간의 축복, 자연의 축복이 넘치도록 있었던 분들이다. 그러나 한 가지가 부족했었다.

  시대적인 축복, 현실적인 축복이다. 일제강점기 식민지 지식인으로 살았던 그분들. 그래서 그분들의 인생은 중도에 꺾이고 불행을 감수해야만 했다. 애석한 일이지만 그래도 그분들에게는 시가 남았기에 후일에 축복을 받을 수 있었다.

  그렇다면 나의 축복은 어디에 있나? 시인으로서 나는 단거리 선수보다는 장거리 선수에 가깝다. 장거리 선수 가운데서도 마라토너다. 주목받지 못한 채 멀리까지 뛰어왔고, 지금은 후반부 끝판 힘내기(스퍼트) 중이다.

  부디 지치지 말고 골인 지점까지 무사히 갈 수 있기를 스스로에게 부탁하며 소망한다. 일찍이 나에게 다른 사람들의 용서와 너그러움이 있었듯 나에게도 타인에게 주는 용서와 너그러움의 능력이 있기를 더욱 소망한다.

자유스러운 영혼

일상적으로 우리가 세상을 살아갈 때는 눈에 보이는 것을 중시하면서 살아가도록 되어 있다. 물질이나 사건, 자연 같은 것들이 주로 눈에 보이는 것으로 되어 있고 또 그런 것들이 현실적으로 가치 있다고 믿어지기 때문이다. 하지만 정말로 끝까지 그런 것은 아니다. 의외로 우리들 세상에는 눈에 보이지 않는 것들이 많고, 눈에 보이지 않는 것들이 더욱 가치로울 때가 많기 때문이다.

오히려 눈에 보이는 것들은 눈에 보이지 않는 것들을 위해서 존재하는 것들이 많다. 행복이란 말 하나를 예로 들어도 그렇다. 돈이나 물건이나 집, 좋은 음식, 자동차와 같이 눈에 보이는 것들은 결코 행복 그 자체가 아니다. 다만 그것은 행복에 도달하는 도구요 수단일 뿐이다. 그런데도 사람들은 눈에 보이는 것들이 마치 행복인 것처럼 여길 때가 있다. 속임수요, 어리석음 그것이다. 진정 현명한 사람은 여기에 머물지 않아야 한다.

시인은 늘 눈에 보이지 않는 산 너머의 세상을 그리워하는 사람이다. 눈에 보이는 것보다는 눈에 보이지 않는 것을 더욱 선호하고 아끼는 사람이다. 그렇게 눈에 보이지 않는 것들 가운데 시가 미리 있게 마련이다. 시는 애당초 시인 안에 있었던 것이 아니고 시인의 밖에 있었고 세상에 이미 널려 있던 그 무엇들이다. 사물과 자연 속에 시가 있었다는 말이다. 그런데 시인의 인생(삶, 경험)을 통해 시인의 내부로 들어오게 된다.

말하자면 눈에 보이는 세계에 있던 시가 눈에 보이지 않는 세계로 들어온다는 말이다. 시는 시인 안에 구체적인 형태로 존재하지 않는다. 불확실한 상태, 매우 불안정한 상태로 존재한다. 그것이 바로 감정이란 것이다. 감정은 보이지 않는다. 그렇다 해도 없는 것이라고 말해서는 안 된다. 이렇게 시인 안에 보이지 않는 감정으로 존재하던 또 하나의 세상을 밖으로 끌어내는 방법으로는 여러 가지가 있겠지만 언어로 표현하는 방법이 최적이며 그러한 언어 표현 가운데서도 가장 아름답고도 유용한 도구는 시이다.

그런데 시인이 자신의 내부에 숨겨진 시를 언어로 표현하여 밖으로 내보낼 때 시와 맞서는 방법이 있는데 이것은 바람직하지 못한 것이다. 의도적으로 시를 써야지 하면서 시를 쓰는 경우를 말한다. 더구나 시를 잘 써보아야지 하는 생각은 더욱 나쁜 상태다. 그러면 피차간 피로감이 생기고 긴장감이 있어 자연스럽고도 아름다운 시의 표현이 잘 이루어지지 않는다. 이렇게 시와 시인이 대립하거나 맞서기보다는 시와 시인이 충분히 자유스러워질 필요가 있다.

그 방법은 시인과 시가 맞서는 것이 아니라 평화롭게 공존하고 동행하는 것이다. 일단 시인은 시의 소재나 시의 바탕이 될 수 있는 요소들을 마음의 바닥으로 밀어 내려보낼 필요가 있다. 시 정신, 경험, 카르마, 철학 같은 것들이 여기에 해당할 것이다. 이 모든 것들을 묶어서 시의 에너지라고 말해도 좋을 것이다. 그런 다음 시인은 그런 것들을 잊어버리고 있어야 한다. 잊어버린다는 것은 자유로워진다는 것을 의미한다.

그렇게 한동안 시의 소재와 시인이 자유롭게 동행하다 보면 어느 순간 바닥에 깔려 있던 시의 에너지가 시인 쪽으로 뚫고 솟아오를 때가 있을 것이다. 하나의 분출이다. 이것이 바로 시가 시인을 찾아주는 순간이다. 이것은 결코 시인과 시가 맞서는 형태가 아니다. 굳이 말한다면 시의 에너지에 의해 시인이 점령당하는 형태이다. 아주 자연스런 현상이다.

그것은 하나의 흥분 상태와 같다. 순간적일 수도 있고 짧은 시간 유지될 수도 있고 간헐적일 수도 있고 비교적 오래 유지될 수도 있다. 시인에게 행운이라면 이러한 시간이 보다더 오래 유지되는 경우다. 이러할 때 시인은 자신이 시를 쓴다는 생각이나 의식으로부터도 자유스러울 수가 있을 것이다. 이렇게 쓰여진 시가 정말로 좋은 시이고 영혼의 울림을 받아 내리는 시가 될 것이다.

이러한 과정에서 시 쓰기는 물리적 변화라기보다는 화학적 변화를 지향한다. 하나로 섞이되 본디의 질료로 환원이 가능한 상태가 물리적 변화이고 환원할 수 없는 변화가 바로 화학적 변화다. 김치에 비유한다면 금방 담근 겉절이가 물리적 변화라면 숙성된 김장김치는 화학적 변화라고 할 것이다.

때로 시인은 시를 쓸 때 무아지경에 이르기도 한다. 무아지경이란 글자 뜻 그대로 자신의 존재조차도 없어지는 경지를 말한다. 왜 자신이 없어지겠는가? 다만 자기가 자신에 대한 생각을 하지 않는다는 말일 것이다. 이것은 얼마나 좋은 인간의 일인가! 이러할 때 시인은 시를 쓰는 것이 아니다. 시가 명령하여(부려서) 그 명령을 따라서(부림을 받아서) 시를 받들어 내리는 것일 뿐이다.

시한테 점령당한 인간이 바로 시인이다. 무릇 좋은 시인, 진정한 의미의 시인은 시를 부리는 사람이 아니고 시에게 부림을 당하는 사람이며 시와 동행하기는 하지만 시에게 종속되지 않는 사람이고 오로지 시로부터 자유스러운 사람이다. 모토는 자유로운 영혼이다. 세상으로부터 자유롭고 자기로부터 자유롭고 시로부터 자유로운 영혼이다. 그러할 때 그에게 진정으로 좋은 시가 찾아올 것이다. 우리는 거기까지 가야 한다.

나의 시를 위하여

나는 나의 시가 최고급의 시가 되기를 바라지 않는다. 될수록 쉽고 읽기 편해서 보다 많은 사람이 나의 시를 읽고 내가 시를 썼을 때의 느낌을 함께 해 주기를 바란다. 그런 점에서 나는 독자와 하나가 되기를 소망하고 또 그러기 위해서 노력한다.

나는 결코 내가 유명한 시인이 되기를 바라지 않고 나의 시 또한 유명한 시가 되라고 요구하고 싶지 않다. 다만 삶에 지치고 힘든 사람들에게 가서 그들의 조그만 손수건이 되고 꽃다발이 되고 그들의 어깨에 조용히 얹히는 손길이 되기를 바란다. 유명한 시보다는 유용한 시다.

어디까지나 시는 실용품이 되어야 한다는 것이 나의 주장이고 포부다. 인간은 자기에게 필요한 사람을 사랑하고 자기에게 필요한 사물을 선택하기 마련이다. 시도 마찬가지다. 필요한 시, 유용한 시가 되어야 한다. 그 무엇으로도 대체 불가능한 시가 된다면 얼마나 좋을까?

그러므로 나의 시는 짧아질 만큼 짧아져야 하겠고 단순해질 만큼 단순해져야 하겠고 쉬워질 만큼 쉬워지되 그 바탕만은 인간 정서의 근원에 가닿는 그런 시가 되기를 주문한다. 그러면서도 끝까지 잃지 말아야 할 것은 인간성의 회복이고 독자와의 교감이겠다.

한 시인의 대표작을 결정하는 사람은 시인 자신이 아니고 독자들이란 것을 알았으니 다행이다. 시는 쓸 때까지만 시인의 것이고 일단 쓴 다음에는 독자들의 것이다. 독자들을 위한 시, 독자들을 울리는 시, 독자들과 소통하는 시, 독자들과 함께하는 시, 그러한 시가 오래 살아남는 시가 된다는 것은 이미 자명한 일이다.

금잔옥대

한자로 금잔옥대金盞玉臺란 말은 느낌이 매우 아름다운 말이다. 금으로 만든 잔에 옥으로 만든 잔 받침이란 뜻인데 어쩐지 두 가지가 서로 잘 어울리는 것 같고 매우 귀한 것 같은 느낌을 준다. 하기는 쇠붙이 가운데 가장 값나가는 것들이기에 그러기도 할 것이다.

그러나 이 말의 쓰임은 광물에 있지 않고 수선화의 아름다움을 나타내는 데 있다. 그것도 우리나라 남쪽 섬인 제주도나 거문도에 자생하는 섬수선화를 설명하는 말로 사용된다.

오래전의 일이다. 제주도에 강연하러 간 김에 추사 선생의 흔적을 살피고 싶어 추사 선생이 9년 동안이나 위리안치되었던 대정마을을 찾아가 본 적이 있다. 2월 중순인데 벌써 수선화가 피어있었다. 추사 선생이 귀양 와서 보고 아끼며 그림으로 글로 나타냈던 그 금잔옥대의 수선화다.

의외로 꽃이 졸렬했다. 그냥 야생의 꽃이었다. 길바닥이며 밭 귀퉁이에 지천으로 피어있었다. 아, 그래서 추사 선생은 그 귀한 꽃, 수선화를 제주도 사람들이 소나 염소의 먹이로 쓴다고 개탄하신 게로구나.

들여다보니 꽃의 규모는 작지만 매우 야무딱스럽고 예뻤다. 꽃을 보자 대번에 금잔옥대 그 말이 떠올랐다. 여섯 개의 새하얀 꽃잎은 사실은 꽃받침이다. 그 안에 황금빛으로 빛나는 꽃송이가 마치 잔처럼 오뚝하니 세워져 있었다. 품위가 절로 느껴졌다. 그러기에 또 추사 선생은 중국 청나라에서 처음 본 이 꽃을 제주도에서 다시 보고 좋아라 마음의 벗으로 삼았을 것이다.

금잔옥대. 금잔에는 옥대가 필요하고 옥대에는 또 금잔이 있어야 한다. 그 둘의 어울림, 운명적인 어울림이다. 시의 문장에서도 이같은 어울림이 있어야 한다. 어떤 시든지 잘 찾아보면 금잔 부분이 있기 마련이다. 주로 키워드가 들어간 부분이거나 중심의 정서나 생각이 들어간 부분이다.

그렇다고 다른 부분의 문장은 필요 없는가? 아니다. 금잔도 있어야 하지만 옥대도 있어야 한다. 중요한 것은 금잔을 얼마만큼으로 하고 옥대를 얼마만큼 남길 것인가 하는 것이다. 역시 이것도 실지로 시를 읽어보아야 할 일이고 사람마다 다른 답을 낼 소지가 있는 문제이다.

물 보면 흐르고

지난 2007년도, 큰 병에 걸려 6개월 동안 두 군데 종합병원에서 치열하게 앓던 때의 일이다. 몇 달 동안 오줌 줄을 끼고 살았다. 병이 호전되어 오줌 줄을 뺐는데 오줌이 잘 나오지 않는 것이었다. 평소 오줌 누는 일은 그야말로 쉬운 일이었는데 오줌이 잘 나오지 않으니 이거야말로 큰일이구나 싶었다.

고민을 말했더니 수간호사가 와서 사람은 그럴 수가 있다고, 화장실에 가서 수돗물을 세게 틀어 놓고 쫄쫄쫄 물 흐르는 소리를 들으며 오줌을 눠 보라고 일러주었다. 말을 듣고 그대로 해보았더니 정말로 오줌이 그런대로 잘 나오는 것이었다.

이것은 실로 사소한 일 같지만 놀라운 일이다. 나는 어린 시절, 강이나 저수지가 있는 곳으로 소풍 가면 자주 남자아이들이 물가로 가서 오줌을 누던 일을 떠올렸다. 인간은 이렇게 무척이나 자연적인 존재이고 심리적으로 영향을 받는 생명체인 것이다.

흐르는 물 옆에 가면 오줌을 누고 싶은 마음, 그것은 물을 보면 흐르고 물이 되고 싶어하는 마음이다. 그때 떠오르는 시구절 하나가 있었다. 그것은 김영랑 선생의 작품 「물 보면 흐르고」의 앞부분이었다.

물 보면 흐르고
별 보면 또렷한
마음이 어이면 늙으뇨.

이 얼마나 아름답고 빛나는 시구인가! 우리는, 좋아서 시를 읽는다. 시를 쓰는 사람은 이것을 알아야 한다. 세상에는 이렇게 사무치도록 좋은 글이 있고 아무리 세월이 흘러도 변하지 않는 마음이 있다는 것을. 그것을 쓰는 것이 또 시라는 것을.

'물 보면 흐르고/ 별 보면 또렷한/ 마음'이기에 우리가 인간인 것이다. 이것이 사람의 마음이고 자연의 마음이고 생명 그 자체의 발현이다. 이러한 마음이 새를 보면 어찌할까? 분명 날고 싶은 마음이 될 것이다.

나아가, 구름을 보면 높이 뜨고 싶은 마음이 될 것이고, 나무나 산을 보면 우뚝 솟아오르고 싶은 마음이 될 것이고, 들판을 보면 열리는 마음, 꽃을 보면 피어오르고 싶은 마음이 될 것이다.

아, 이 얼마나 좋은 마음인가! 이 마음이 시의 마음이다. 시를 부르는 시인의 마음이고 시를 읽는 독자의 마음이다. 그 마음의 중간 어디쯤 우리의 마음이 오두막집을 짓고 같이 머물러 살고 싶은 것이다.

그렇다면 우리가 비록 멀리 떨어져 남남으로 살아도 그것은 하나도 억울한 마음이 아닐 것이다. 세상은 이렇게 다시금 '물 보면 흐르고/ 별 보면 또렷한/ 마음'이다. 늙어서도 끝내 늙지 않을 마음이 거기에 있다.

시인의 자리

 사람이 세상을 살아가는 데(인생)에는 세 가지 방법(입장)이 있다. 첫째는 주관자(주동자), 둘째는 방관자(비판자), 셋째는 관찰자(견자).

 현실적으로는 주로 주관자와 방관자로 나타난다. 이 두 가지 입장은 인생에 대해서만 그런 것이 아니라 사물(일과 물건)에 대해서도 마찬가지다. 이는 또 인사이더, 아웃사이더 개념으로도 풀 수 있다.

 자기가 주관자로 사는 사람은 자기의 삶과 현실에 몰입하므로 눈이 멀 수가 있다. 방관자로 사는 사람은 핵심으로부터 눈을 돌리거나 냉소적이어서 삶의 진면목을 잃기 쉽다.

하지만 관찰자로 사는 사람은 그 두 가지 태도를 아울러 가질 수 있다. 주관자의 삶도 중요한 삶이지만 방관자의 삶 또한 도외시하기 어려운 삶이란 것을 인정하는 태도다.

시인의 삶, 시인의 태도, 시인의 자리는 바로 세 번째의 삶인 관찰자의 삶이어야 한다. 하나의 통합인 것이다. 이것은 어쩌면 랭보의 견자見者, seer* 시론과도 통하는 삶의 태도라 할 것이다.

---

* 랭보의 견자   견자란 세계의 본질을 꿰뚫어 보는 능력을 지닌 사람이다. 인습적 관념과 함께 모든 제약에서 벗어나고 자신의 영혼을 인식해야 한다. 신의 목소리를 내는 예언자가 되어야 하고 숨겨진 모습을 투시할 수 있어야 한다. 견자는 기괴한 영혼을 만드는 데까지 나아가야 한다.

사람을 살리는 시

 실로 시는 매우 단출한 문장으로 어찌 보면 하찮은 문학 형식일 수 있다. 외형도 왜소하고 내용도 별스럽지 않을 수 있다. 시인은 더욱 무익한 사람들처럼 보인다. 그렇지만, 그렇지만 말이다. 가끔은 시 한 편을 읽고 삶의 의욕을 되찾았다고 말하는 사람들이 있다. 자기 인생을 되돌아보고 삶의 궤적을 바로잡았다고 말하는 사람도 있다. 시의 영광이요 독자의 축복이다.

들여다보며 시 읽기

보통, 시 읽기에는 두 가지가 있다. 하나는 따지며 읽기고 하나는 느끼며 읽기다. 따지며 읽기는 오늘날 학교의 교과 시간에 교사가 학생들과 함께 교과서를 가지고 하는 시 읽기다. 이성적인 시 읽기고 분석적인 시 읽기다. 그리고 느끼며 읽기는 시 작품을 읽으면서 마음으로 느끼는 읽기로 평상 누구나 그렇게 하는 시 읽기이고 미술작품이나 음악을 감상하듯 하는 정서적 읽기이고 통합적 시 읽기이다.

가끔 고등학교 학생들에게 물어본다. 시의 읽기로서 어떤 읽기가 좋은 읽기이고 바람직한 읽기인가? 일제히 느끼며 읽기라고 대답해 온다. 그렇다면 지금 그대들은 교과 시간에 어떻게 시를 읽느냐고 물으면 시무룩한 표정으로 따지며 읽기, 이성적 읽기라고 대답한다. 왜? 그들 목전에 시험 문제가 놓여 있기 때문이다. 그래서 나는 그럼 고등학교를 졸업하고 대학교에 들어가거든 느끼며 읽기를 마음껏 하라고 대답해 준다.

그런데 대학교에서도 시를 느끼며 읽기보다는 따지며 읽기를 더 많이 한다는 말을 듣고 아연실색한 바가 있다. 왜 그러냐 하면 조작적으로 시 짓기를 가르쳐서 속성으로 시인을 완성하다 보니 그렇게 되는 것이다. 이것은 시를 위해서도 인간을 위해서도 도움이 되는 일이 아니다. 시는 오로지 느끼며 읽기만을 고집할 수는 없는 일이지만 그 비율로 보아 느끼며 읽기가 더 많아야 한다. 그래야만 시 읽기가 즐겁고 유익하고 가볍고 편안해질 것이요, 결과적으로는 시 읽기가 기쁘고 사람 마음에 도움이 된다는 것을 알게 될 것이다.

이상 두 가지 시 읽기에 더하여 나는 들여다보며 하는 시 읽기를 말하고 싶다. 따지며 시 읽기가 시를 분해하면서 하는 시 읽기요, 느끼며 읽기가 그냥 이쪽의 느낌만으로 하는 시 읽기라면 들여다보며 하는 시 읽기는 시인과 독자가 상호작용하는 시 읽기요 시의 내면을 보는 시 읽기라고 할 수 있겠다. 마치 개울 위에서 흘러가는 물을 들여다보듯 하는 것과 같이하는 시 읽기다.

 지금 물속에 물고기가 놀고 있고 물풀이 흔들리고 있다고 하자. 그걸 보듯이 시의 내면을 들여다보고 시를 지은 시인의 마음까지 짐작하면서 하는 시 읽기가 바로 들여다보면서 하는 시 읽기다. 이렇게 할 때 시인과 독자의 소통은 더욱 긴밀해지고 시는 살아서 숨 쉬는 생명체로서 독자들 마음속으로 들어갈 것이다. 이것이 내가 하는 시 읽기인데 이런 시 읽기를 통해 나는 오래전 시인, 낯선 시인과도 자주 만나는 기회를 갖는다.

낳아지는 존재로서의 시

우리말은 참 오묘한 구석이 있다. 가령 '생산한다'란 뜻으로 사용되는 만든다, 짓는다, 낳는다는 말을 예로 들어 봐도 그렇다. 다 같이 무엇인가를 생산한다는 뜻의 말이긴 하지만 그 말들을 조금만 들여다보면 쓰임이 각각 다름을 알 수 있다.

'만든다'는 말은 대체로 생명이 없는 존재, 무생물을 생산할 때 사용되는 말이다. 도구로 물건을 만들거나 공장에서 물건을 제작할 때 쓰는 말이다. 조작한다는 의미가 강하고 만드는 자의 의도대로 생산품이 만들어지게 마련이다.

그다음으로 '짓는다'는 말은 조금 다르다. 짓는다는 주로 만드는 주체와 만들어지는 주체가 서로 도와야만 하는 협업의 경우에 사용되는 말이다. 농사를 짓는다, 집을 짓는다, 밥을 짓는다, 옷을 짓는다에 사용되는 말이다. 짓는다는 만든다처럼 일방적으로 만들어지지 않는다. 만드는 자와 만들어지는 대상이 서로 돕고 상호작용을 해야만 한다.

끝으로 '낳는다'는 말은 전혀 다르다. 낳는다는 생명을 가진 존재를 생산할 때 사용되는 말이다. 사람이 아기를 낳는다, 닭이 알을 낳는다, 짐승이 새끼를 낳는다 그럴 때 사용되는 말이다. 이번에는 낳는 주체보다 낳아지는 주체가 보다 더 강한 주도권을 갖고 생산 활동이 이루어진다.

생각해보라. 엄마가 아기를 낳을 때 엄마가 아기를 낳고 싶다고 해서 아기가 낳아지는가? 아니다. 아기가 뱃속에 나오려고 할 때 아기를 낳는 것이다. 아기 낳는 엄마를 도와주는 의사나 간호사가 있다고 해도 그 사람들은 어디까지나 보조자일 뿐이다. 그야말로 주관자, 주도자는 아기인 것이다.

이 세 가지 말을 기초로 시를 쓰는 일에 적용해 봐도 그렇다. 시를 만든다, 시를 쓴다, 시를 짓는다, 시를 낳는다, 이렇게 네 가지 말을 떠올릴 수 있다. 이 가운데서 가장 좋은 말은 시를 낳는다, 이다. 아기가 생명체인 것처럼 시도 생명체이기에 그런 것이다. 엄마가 아기를 낳을 때처럼 시인은 시를 낳는 사람이다. 아니 그래야만 한다.

 시를 쓸 때 시인이 시작 과정의 주도권을 가진 존재처럼 생각하기 쉽지만 그것은 절대로 그렇지 않다. 산문과 달라서 시를 쓰게 하는 것은 마음 저 깊은 곳으로부터 우러나오는 감흥이다. 감흥이 없으면 절대로 시를 쓸 수가 없다. 임신하지 않으면 아기를 낳을 수 없는 이치와 같다.

 마음속으로부터 울컥! 하고 올라오는 그 무엇이 시를 쓰게 한다. 시를 쓰게 하는 원동력이다. 이러한 울컥을 받아 시인은 재빨리 언어의 옷을 입혀 시로 표현해야만 한다. 이때 동원되는 것이 바로 쓰윽의 방법이다. 망설여서는 안 된다. 시인이 고집부려서도 안 된다. 울컥한테 주도권을 주고 시인은 보조자의 자리에 서야 한다.

 그런 의미에서 시인은 시 앞에서 겸허해야만 한다. 시여, 찾아오십시오. 오시기만 하면 기쁘게 맞이하겠습니다. 그런 태도를 지녀야 한다. 절대로 주도권을 행사하면 안 된다. 억센 포즈를 취하면 안 된다. 근엄한 얼굴을 보여서도 안 된다. 어린아이같이 천진한 얼굴로 시를 맞이해야 한다. 그러할 때 시는 낳아지는 시가 될 것이고 시인은 시를 낳는 사람이 될 것이다.

시, 영혼의 문장

 인간은 언어적 생명체다. 지상에서 언어를 도구로 지닌 유일한 동물이란 말이다. 인간이 인간일 수 있는 것 자체가 인간에게 언어가 있었기 때문이고 인간의 모든 문화나 문명이 유지되고 발전될 수 있었던 것도 오로지 인간의 언어 덕분이다. 언어야말로 눈에 보이는 세계와 눈에 보이지 않는 세계를 이어 주는 메신저다.

 만약 이러한 언어의 기능이 없었다면 인간은 애당초 상호간 의사소통조차 불가능했을 것이다. 의외로 인간 세상에는 눈에 보이지 않는 것들이 많다. 희로애락을 비롯한 모든 감정이 그것이고 정의나 자유, 평등, 사랑, 행복, 축복이나 감동과 같은 추상적인 말들도 눈에 보이지 않는 세상에 대한 표현이다.

누군가 한 사람이 내세를 가리켜 천국이라고 말했다면 그는 대번에 기독교나 천주교 신자인 사람일 터이고 또 한 사람이 극락이라고 말했다면 그는 어김없이 불교 신자인 사람일 터이다. 일일이 설명해 주지 않아도 그렇게 이해하고 받아들여지는 것은 언어의 기능 덕분이다.

언어 가운데에는 입말과 글말이 있다는 것을 이미 우리는 알고 있다. 입말은 음성언어요 글말은 문자언어. 입말을 글말로 바꾸어 기록한 것을 우리는 또 문장이라 부른다. 그리고 모든 문장은 시인 문장과 시가 아닌 문장으로 나뉜다. 통상 시가 아닌 문장을 산문이라고 부른다.

시라는 글자, 한자漢字를 파자破字해 보면 말씀 언言자와 절 사寺자로 구성되어 있음을 본다. (여기에 대한 다른 견해나 주장, 고증이 있을 수 있는데 나는 잠시 이런 주장을 인용했다.) 이 '말씀의 절'이 바로 시라는 것이다. 절에는 무엇 무엇이 있나? 부처가 있고 불경이 있고 스님이 있다. 부처는 시 정신이고 불경은 시 바로 그것이며 스님은 시인이다. 마땅히 그래야 한다는 요구가 글자 안에 들어 있다.

그러므로 시인이 쓰는 시는 경전에 버금가는 문장이 되도록 해야 한다. 경전이란 어떤 글인가? 정신의 가장 높은 봉우리에 가 닿은 글이며 일 점, 일 획도 고칠 수 없는 글이다. 가장 진실하며 미래지향적이며 엄숙한 글이다. 시가 그렇지 않고서는 존재 가치가 애당초부터 없는 일이겠다.

시가 이렇게 경전에 버금가는 글이 되기 위해서는 무엇보다도 영혼의 언어로 쓰여야 한다. 영혼이란 정신의 저 깊은 곳에 숨어 있는 신적인 그 어떤 요소다. 보통 때는 인간 자신도 자신의 영혼과 만나기가 쉽지 않다. 영혼 자체가 워낙 깊은 곳에 숨어 있고 또 수줍은 일면을 지녔기 때문이다.

인간이 자기의 영혼을 만나는 순간은 마치 접촉이 불량한 전등불이 꺼졌다가 켜졌다가 하는 상태와 같다. 대체로 오래 꺼져 있다가 어느 순간 잠시 반짝, 하고 불이 들어올 때가 있는 것처럼 바로 그때가 영혼이 밖으로 그 모습을 잠시 드러내는 때라고 보아야 한다.

이 순간을 놓치지 말아야 한다. 그 순간의 느낌과 생각을 찰나적인 언어로 포착해 표현하는 것이 중요하다. 그것도 짧고 간결하고 단순한 언어로 구성하고 표현해야 한다. 그것이 바로 시의 문장이라고 할 수 있다. 그러므로 정말로 좋은 시에는 이러한 문장이 얼마간 들어가 있어야 한다.

이러한 문장을 나는 신이 주신 문장이라고 말한다. 이렇게 신이 주신 문장이 없어서는 진정한 감동의 세계가 열리지 않는다. 가령 우리가 고전이라고 말하고 명작이라고 말하는 작품들에는 모두가 신이 주신 문장, 즉 영혼의 언어가 들어가 있음을 본다. 그렇지 않고서는 몇백 년, 몇천 년 전에 쓰인 작품이 오늘의 우리를 울릴 수는 없는 일이다.

 감동은 공명이다. 저쪽의 떨림이 이쪽으로 와 이쪽을 함께 떨게 해 주는 것을 말한다. 어떻게 몇백, 몇천 년 전의 작품 안에 갇혀 있던 떨림이 그 오랜 어둠과 세월의 강물을 뛰어넘어 오늘까지도 올려줄 수 있단 말인가! 이것이야말로 인간이 지닌 언어의 기적이며 시 작품의 승리고 시인의 영광이겠다.

 의외로 시인의 목표는 미래에 있고 독자 또한 미래의 사람들임을 잊지 말아야 한다. 나의 생명이 지상에서 사라진 뒤, 내가 쓴 시의 문장이 얼굴도 모르는 누군가에게 감동을 줄 수 있어야 한다는 것! 이것이야말로 진정으로 시인이 시인 됨의 지상명령이요, 시인이 인간의 목숨을 떠나서도 오래 살 수 있는 유일한 활로인 소이所以다.

시가 사람을 살린다

1 사람을 울리는 시

우리들 인간은 이성도 있고 감성도 있는 존재이다. 이성은 무엇인가를 알고 기억하고 따지고 분석하고 종합하는 마음의 능력이다. 학교 교육이나 사회생활에서 가장 중요한 비중을 차지하는 요소이고, 또 개인의 능력을 평가할 때도 이 분야를 중심으로 삼는다. 그래서 아예 인간의 능력이나 가능성의 척도를 이성적인 요소로만 국한하는 경우가 있다.

그러나 정작 우리가 세상을 살아가는 데는 이성적인 요소보다는 감성적인 요소가 더 중요하게 작용을 한다. 우리가 행복하다 불행하다 말하는 것도 감성적인 요소나 조건들이 만들어

내는 하나의 스펙트럼이라 하겠다. 인간의 마음속에 있는 시비是非의 마음은 이성적인 마음에서 비롯되는 마음이고 호오好惡의 마음은 감성적인 마음에서 출발하는 마음이다.

시비와 호오, 그 가운데 보다 강력한 마음은 호오의 마음이다. 일단 시비, 옳고 그름의 마음은 한번으로 결판이 난다. 그러나 호오, 좋고 싫음은 절대로 한번으로 결판이 나지 않는다. 그만큼 뿌리가 깊고 수정이 잘되지 않는 마음이 바로 그 마음이다. 우리들 삶을 이끌고 가고 멀리까지 안내하는 마음도 바로 호오의 마음, 즉 감성의 마음이다.

문학 작품 가운데서도 시는 오로지 감성의 마음에 의지하는 예술품이다. 그러므로 시는 사람의 마음을 울려준다. 아니, 울려주어야만 한다. 여기서 울려준다는 것은 감동을 말한다. 감동, 임팩트— 그것은 시가 가져야 할 가장 중요한 자질이요 조건이다. 감동하게 되면 엔도르핀보다도 강력한 다이돌핀이라는 호르몬이 우리 몸에서 나온다고 그런다. 이 호르몬이 우리를 기쁘게 하고 만족감을 느끼게 하여 끝내는 행복감에 이르도록 한다고 그런다. 그렇다면 시를 읽고 시를 사랑하는 일은 우리들 인간이 행복해지는 지름길이라 할 수도 있을 것이다.

2 사람을 응원하는 시

인간은 어디까지나 즐거움을 원하는 성향이 강하고 이로움을 추구하는 마음이 강하다. 하기 좋은 말로 헌신, 봉사, 희생, 그런 말들을 하지만 인간은 다분히 이기적인 존재이고 이로움을 추구함이 속일 수 없는 한 본성이다. 왜 우리가 시를 좋아하고 시를 읽는가? 시를 읽고 좋아해서 아무런 이득도 되지 않는다면 아무도 시를 좋아하지 않을 것이고 읽지도 않을 것이다.

역시 시는 읽어서 이로움이 있어야 하겠다. 무슨 이로움인가? 현실적이고 물질적인 이로움이 아니다. 그것은 마음의 이로움, 정신의 이로움이다. 마음의 기쁨이요 만족이다. 한 발 더 나간다면 힘겨운 삶에 대한 위로와 응원이다. 그래, 당신 마음을 내가 알아. 당신은 결코 혼자가 아니야. 당신은 그 힘든 마음이나 어려움에서 헤어나야만 해. 그래, 당신은 충분히 행복해지고 아름다워지고 칭찬받을 자격이 있고 그럴만한 이유가 있어. 내가 그것을 보장하고 내가 그것을 응원할 거야.

만약 우리가 읽는 시가 이런 암시를 주고 이런 역할을 해준다면 그 누구도 시를 읽지 않을 사람은 없을 것이다. 시를 좋아하고 시를 원하는 사람들은 모두가 이런 심정으로 시를 가까이하는 것이다. 오늘날 사람들은 의외로 사는 일이 힘들고 지친다고 한다. 우울하고 불행하다고 호소한다. 의기소침해 있고 소외감, 열등감에 빠져 있다고 말한다.

왜 그런가? 도시화, 과학화로 사는 일이 복잡해졌고 상호비교로 상대적 빈곤감이 증가하였기 때문이다. 자기 존재감이 턱없이 낮아진 까닭이다. 지금처럼 한자로 '휴(休)'자가 많이 사용되고 '힐링'이란 생뚱맞은 단어가 많이 사용된 세상도 없을 것이다. 이 시대 사람들의 새로운 관심과 화두는 휴식과 치유다. 이런 사람들에게 무엇이 위로가 되겠고 무엇이 도움이 되겠는가!

결코 밥이나 옷이나 그런 현실적인 것들만으로는 많이 부족하다. 마음을 다치고 마음이 힘든 데에는 마음의 치료가 있어야 한다. 마음을 다스려 주고 마음을 쓰다듬어 주고 마음을 밝게 해 주는 그 어떤 방책이 동원되어야 한다. 이런 때 가장 적절하게 동원되어야 할 것은 시이다. 최근, 중학생이나 초등학생들까지도 열정적으로 시를 좋아하고 시를 사랑하는 모습을 보면서 시가 바로 우리들 정신적인 어려움을 해결해주는 묘약이란 것을 새삼 느끼고 깨닫곤 한다. 마음의 파이팅! 그 뒤에 시가 있다고 말할 수 있을 것이다.

무리 지어 피어있는 꽃보다
두 셋이서 피어있는 꽃이
도란도란 더 의초로울 때 있다

두 셋이서 피어있는 꽃보다
오직 혼자서 피어있는 꽃이
더 당당하고 아름다울 때 있다

너 오늘 혼자 외롭게
꽃으로 서 있음을 너무
힘들어 하지 말아라.

「혼자서」 전문

언젠가 한번 제주도 귀일중학교에 강연을 간 일이 있다. 강연을 마치고 학생들에게 사인을 해 주는데 한 여학생이 내 앞에 와 눈물을 글썽이며 내가 쓴 시 한 편을 읽어주었다. 그 학생은 2학년에 다니는 학생이었는데 사실 나는 그 시를 써서 시집에 넣기만 했을 뿐 별로 관심이 없어 잊고 있던 작품이었다. 놀라웠다. 이 작품이 어느 부분이 좋으냐고 물었다. 그 여학생은 마지막 연이 좋았다고 대답했다.

너 오늘 혼자 외롭게
꽃으로 서 있음을 너무
힘들어 하지 말아라.

 아마 그 여학생도 '혼자 외롭게' 있으면서 힘들게 지냈던 기억이 있었던 모양이다. 그렇다. 인간은 누구나 힘들 때가 있고 외로울 때가 있고 지칠 때가 있고 누군가로부터 위로받고 싶은 때가 있게 마련이다. 시인들은 이것을 잊지 말아야 한다. 외롭고 힘들고 지친 사람들을 위해 위로의 메시지를 보내는 것을 게을리하지 말아야 한다. 누가 이 시대에 신경질적이고 까탈스럽고 비아냥거리는 문장을 즐겨 읽겠는가. 마땅히 반성이 있고 궤도 수정이 있어야 할 일이다.

3 사람을 살리는 시

 실로 시는 매우 단출한 문장으로 어찌 보면 하찮은 문학 형식일 수 있다. 외형도 왜소하고 내용도 별스럽지 않을 수 있다. 시인은 더욱 무익한 사람들처럼 보인다. 그러지만, 그렇지만 말이다. 가끔은 시 한 편을 읽고 삶의 의욕을 되찾았다고 말하는 사람들이 있다. 자기 인생을 되돌아보고 삶의 궤적을 바로

잡았다고 말하는 사람도 있다. 시의 영광이요 독자의 축복이다.

공주에는 내가 관여하는 공주풀꽃문학관이란 집이 있다. 주말이면 주로 그곳에 머물며 전국에서 찾아오는 사람들을 자주 만나 대화를 하는데 때로는 방문객들로부터 놀라운 말을 듣기도 한다. 어느 날인가는 서울에서 찾아온 여성 독자분이 자신은 우울증에 오래 시달렸는데 시를 읽고 나서 우울증이 나았다고 말하는 것이었다. 그 말을 듣고 나는 놀라는 마음이었고 한편으로는 기쁜 마음이기도 했다. 아, 정말로 그런가? 정말로 시가 우울증 환자를 고칠 수 있단 말인가? 정말로 그것이 그렇다면 진정 감사한 일이 아닐 수 없는 것이다.

  큰 병 얻어 중환자실에 널브러져 있을 때
  아버지 절룩거리는 두 다리로 지팡이 짚고
  어렵사리 면회 오시어
  한 말씀, 하시었다

  애야, 너는 어려서부터 몸은 약했지만
  독한 아이였다

네 독한 마음으로 부디 병을 이기고 나오너라
세상은 아직도 징글징글하도록 좋은 곳이란다

아버지 말씀이 약이 되었다
두 번째 말씀이 더욱
좋은 약이 되었다.

이것은 내가 쓴 「좋은 약」이란 작품이다. 2007년, 큰 병에 걸려 중환자실에 있을 때 연로하신 아버지가 면회 오셔서 하신 말씀을 기억해 두었다가 나중에 쓴 작품이다. 이 작품에서 가장 중요한 부분은 '세상은 아직도 징글징글하도록 좋은 곳이란다'란 문장이다. 실은 이 문장은 어법에 맞지 않는 표현이다. '징글징글'이란 단어는 결코 긍정적인 경우에 쓰이는 단어가 아니고 부정적인 경우에 쓰이는 단어이다. 그러나 여기에서는 이 말 밖에는 다른 말을 쓸 수가 없었다.

정말로 나는 그 절체절명의 순간순간을 견디면서 '징글징글하다'는 말이 그렇게도 마음의 힘이 될 수 없을 정도로 힘이 되었던 것을 기억한다. 요즘 젊은이들이 잘 쓰는 표현에 '내 몸이 기억한다'란 말이 있는데 그야말로 나의 마음만이 아니라 나의 몸, 그러니까 전신이 기억해서 삶에 힘이 되고 용기가 되고 인내가 된다는 말일 것이다. 그렇다면 이 말은, 아니 이 문장은 힘든 사람들을 살렸다는 것이 되기도 할 것이다. 우리에게 있어서 말이란 것은 이렇게 중요하고 소중하고 다급한 것이다.

이것은 단어 하나나 짧은 문장에 관한 이야기지만 실지로 시는, 시를 읽는 사람만 아니라 시를 쓰는 시인에게도 많은 도움을 준다. 나는 왜 어린 시절부터 시에 매달렸고 시를 썼던가? 가장 중요한 이유는 시를 쓰지 않으면 안 될 것 같아서였고 시를 쓰면 마음이 놓이고 편안해졌기 때문일 것이다. 그렇다. 시는 내가 살아남을 수 있는 생존 방법 그 자체였던 것이다.

실로 한 편의 시가 인간을 살린다. 시를 읽는 독자만 살리는 것이 아니라 시를 쓰는 시인도 살린다. 부디 당신이 어렵사리 찾아서 읽는 시가 당신을 살리고 당신의 이웃을 더불어 살릴 수 있는 묘약이 되기를 바란다.